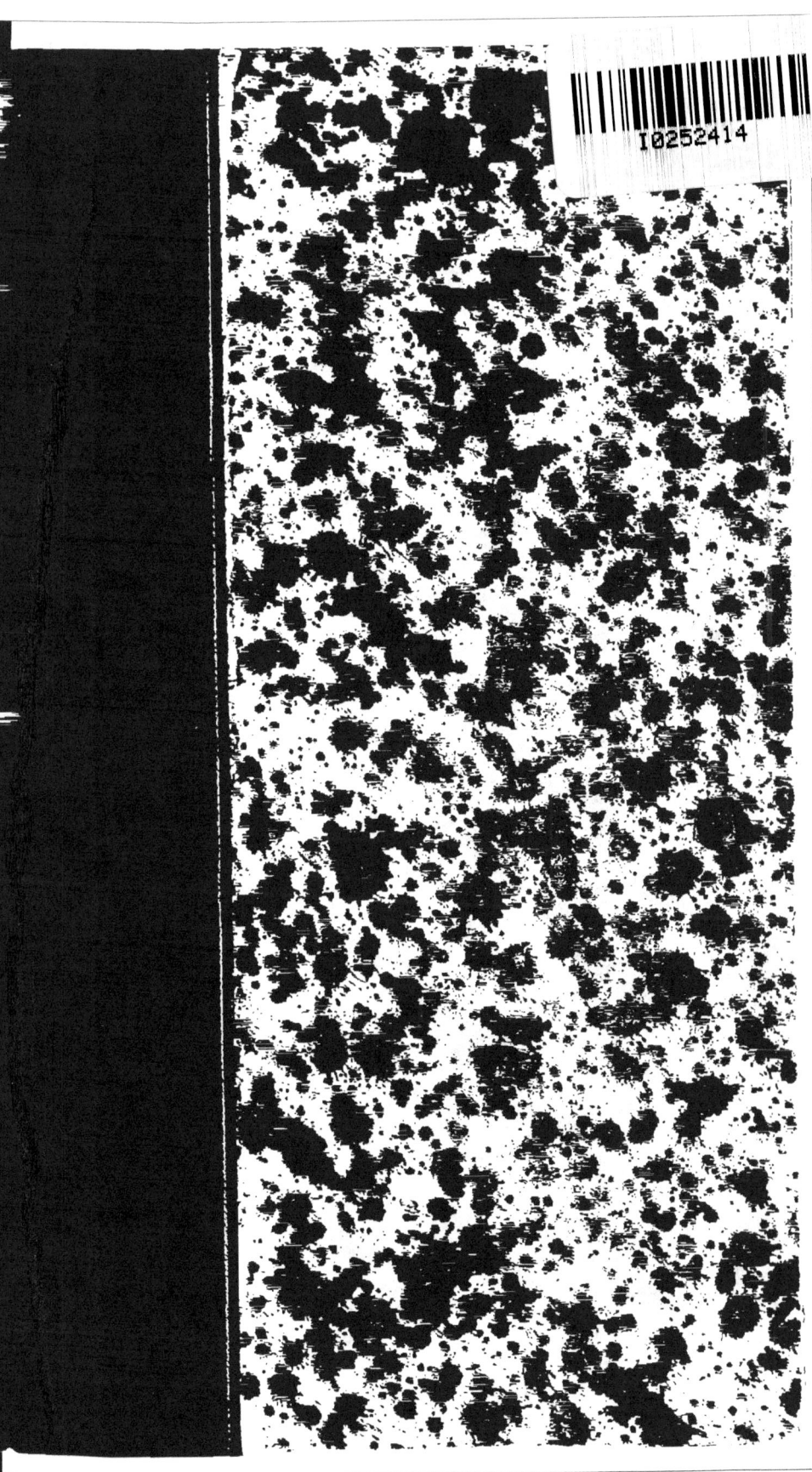

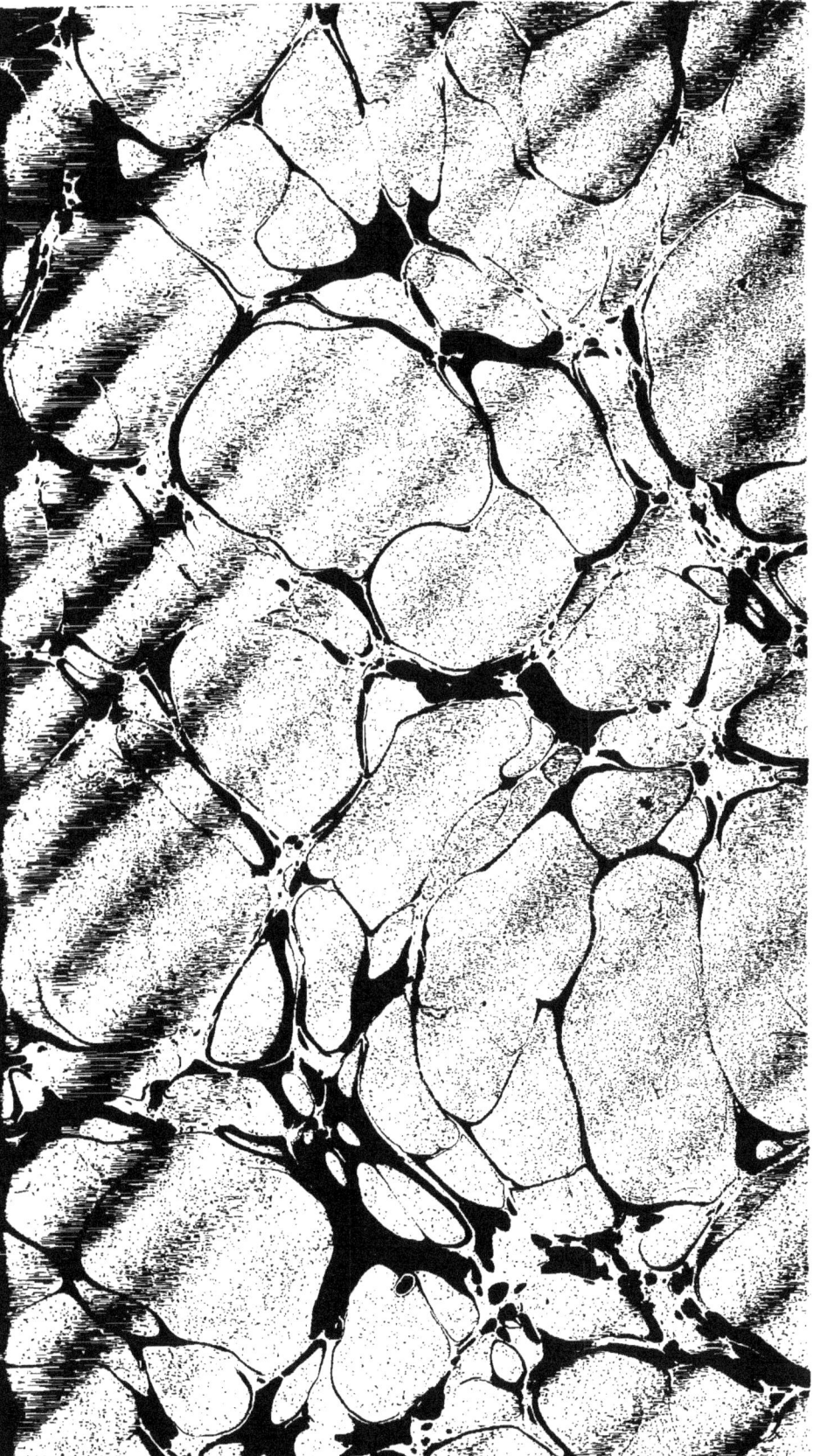

RELATION

des principaux événements de la vie

DE SALVAING DE BOISSIEU.

SALVAING, en Dauphiné.

D'or, à l'aigle à deux têtes, de sable, membrée, becquée et diadémée de gueules, à la bordure d'azur, semée de fleurs-de-lis d'or; que l'on blasonne autrement : D'Empire à la bordure de France.

Cimier : Une aigle naissante à deux têtes, aux becs fermés, de l'un desquels sort un rouleau avec ce cri de guerre : *A Salvaing le plus gorgias!* et de l'autre cette devise : *Que ne ferais-je pour elle!*

Supports : Deux aigles aux têtes contournées, chacune tenant avec son bec une bannière de gueules à la croix d'or.

RELATION

DES PRINCIPAUX ÉVÉNEMENTS DE LA VIE

DE

SALVAING DE BOISSIEU

Premier Président
en la Chambre des Comptes de Dauphiné;

suivie d'une *Critique de sa Généalogie*

et précédée d'une Notice historique,

PAR ALFRED DE TERREBASSE.

LYON

IMPRIMERIE DE LOUIS PERRIN.

1850

NOTICE

HISTORIQVE, LITTERAIRE ET BIBLIOGRAPHIQVE.

ENIS DE SALVAING DE BOISSIEU naquit le 21 avril 1600 au château de Vourey, près de Moirans en Dauphiné, et non à Vienne comme le dit la Biographie universelle. Il était fils de Charles de Salvaing, seigneur de Boissieu, et de Charlotte d'Arces, issue d'une des plus anciennes familles de la province. Son père se distinguait par une érudition très rare chez les gentilshommes de cette époque, livrés uniquement au métier des armes ou aux rustiques passe-temps de la campagne. L'épitaphe que son fils a inscrite sur son tombeau, nous apprend qu'il savait les langues latine, grecque, hébraïque, chaldéenne, arabe, allemande, anglaise, italienne et espagnole. Boissieu cite quelque autre part les commentaires que son père avait faits sur Lycophron, poëte de l'école d'Alexandrie, dont l'obscurité est devenue proverbiale. Ce qu'il y a de certain, c'est que nous avons sous les yeux un exemplaire d'Aristophane, chargé, criblé pour ainsi dire, de scolies et de variantes de la main de

Charles de Salvaing, comme ne permet pas d'en douter la déclaration suivante, apposée sur la garde du volume, aux armes de Salvaing :

> Les Notes qui sont a la marge de cet Antheur ont esté faites par messire Charles de Salvaing Seigneur de Boissieu mon pere qui a esté le plus scavant Gentilhomme de son temps faisant proffession des armes. Et comme sa posterité doit en respect a sa memoire de conserver un tesmoignage si illustre de son scavoir, si par hazard ce livre vient à s'egarer, celuy entre les mains de qui il tombera fera une action d'honneste homme de le rendre au chef de la Maison de Salvaing.
>
> Denys de Salvaing de Boissieu
> Premier President en la Chambre
> des Comptes de Dauphiné.
> A Grenoble ce xi: Juin 1663

Ce fut sous les auspices d'un guide si éclairé

que le jeune Salvaing commença ses études, qu'il alla continuer au collége de Vienne et achever à Paris, sous les célèbres jésuites Denis Pétau et Nicolas Caussin. Il étudia la philosophie sous Isaac Habert, depuis évêque de Vabres, et la langue grecque sous Féderic Morel, qui remplissait avec une égale distinction les fonctions de professeur et d'imprimeur du Roi. Les deux années qu'il passa dans l'université de Paris lui donnèrent occasion de former plusieurs liaisons dont il eut à se louer par la suite, entr'autres celle de M. de Chavigny, favori du cardinal de Richelieu et secrétaire d'Etat sous son ministère.

De retour en Dauphiné, Boissieu fut présenté par le président Expilly, ami de son père, au maréchal de Lesdiguières, qui, frappé du profit qu'il avait retiré de ses études, lui conseilla d'entrer dans la robe. Il eût préféré le parti des armes, mais il ne s'en livra pas moins avec tant d'ardeur à l'étude du droit qu'il fût reçu de la manière la plus brillante docteur en l'université de Valence, le 15 avril 1621. Ayant obtenu de sa mère, demeurée veuve, la permission de retourner à Paris, il s'occupa de perfectionner ses connaissances par la fréquentation des savants et des écoles publiques. Curieux de tout genre de sciences, il voulut même avoir quelque teinture des mathématiques et prit des leçons de Jacques Martin, qui occupait alors la chaire fondée par Ramus au Collége royal.

Rappelé par ses affaires domestiques en Dauphiné, le jeune Salvaing eut l'honneur d'être admis dans l'intimité de Louis de Bourbon, comte de Soissons, gouverneur de la province. Les habitudes de cette cour le débauchèrent tellement, que la poésie devint son unique occupation et qu'il ne voulut plus entendre parler de robe ni de jurisprudence. Son cœur même ne resta pas libre, et il s'éprit d'une jeune personne de condition, aussi distinguée par son esprit que par sa beauté. Il chanta ses amours en vers latins et français, dans lesquels il donnait à sa belle tantôt le nom d'Ida, tantôt celui d'Iris. Il célébra cette Iris par des couplets si gracieux et si tendres, que, s'il faut en croire son biographe, la cour, la ville et la province les répétèrent pendant plusieurs années. Nous les avons souvent cherchés dans les volumineux recueils de chansons de cette époque, mais nous nous sommes perdu dans le nombre des Iris.

Le roman n'étant point toutefois arrivé à conclusion, notre poète laissa le myrte pour courir après le laurier : il prit une compagnie dans le régiment de son ami le vicomte de Tallard; mais ce régiment ayant été bientôt réformé, il céda aux représentations de sa famille et de ses amis qui le pressaient de rentrer dans la robe. Il fut d'abord pourvu d'un office de substitut du procureur général au parlement de Grenoble, et traita ensuite de la charge plus importante de vibailli de Graisivaudan, en laquelle il fut reçu l'an 1632. Dans le courant de la même année il épousa Élisabeth Deageant, fille de Guichard Deageant, assez connu par le rôle qu'il joua durant la faveur du connétable de Luynes, et par les mémoires qu'il a laissés sur cette époque.

Le maréchal de Créquy, lieutenant-général au gouvernement de Dauphiné, ayant été nommé ambassadeur extraordinaire à Rome, pour prêter, au nom du roi, l'obédience filiale au pape Urbain VIII, demanda M. de Boissieu pour l'accompagner en qualité d'orateur et faire la harangue latine. Il acquit beaucoup d'honneur par la fermeté avec laquelle il refusa de supprimer quelques expressions qui déplaisaient à la cour de Rome, dans ce discours qu'il prononça au Vatican, le 25 juillet 1633. Urbain VIII (Maffeo Barberini), qui aimait les lettres et les cultivait lui-même, favorisa Boissieu de ses audiences particulières et le gratifia de plusieurs marques de son estime et de sa bienveillance. Après quatre mois de séjour à Rome, qu'il employa à visiter les savants et à fouiller les bibliothèques, il se rendit à Venise par ordre du cardinal de Richelieu, pour y prendre connaissance des difficultés qui existaient entre le pape et la république.

Un brevet de conseiller d'Etat, aux appointements de 1,500 livres par an, fut la récompense du succès qu'il avait obtenu dans ces diverses missions. Nommé, en 1639, premier président de la Chambre des comptes de Grenoble, par résignation et en remplacement de son beau-père Guichard Deageant, il fut, en considération de ces mêmes services, dispensé du payement de la finance de cet office.

Ayant perdu sa femme, qui ne lui laissa qu'une fille, il se remaria le 27 décembre 1640 avec Elisabeth de Villers la Faye, veuve d'Erard, baron de Saint-Léger, de la maison de Bouton, en Bourgogne. La mort de cette dernière femme, dont il n'eut point d'enfant, le détermina, l'an 1674, à se démettre de sa charge qu'il avait exercée avec beaucoup de réputation l'espace de trente-quatre ans. L'année d'après, la place de premier président du parlement de Grenoble étant devenue vacante, il fut extraordinairement sollicité de se mettre sur les rangs; tout concourait en sa faveur, mais son âge le détourna de se laisser aller à cette ambition. Il abandonna les affaires publiques pour jouir d'un repos noblement acquis, et mourut dans son château de Vourey, le 10 avril 1683, comptant autant d'années que le siècle.

Le président ne laissa qu'une fille du premier lit, mariée à Charles-Louis-Alphonse, baron de Sassenage, marquis du Pont-en-Royans, seigneur d'Iseron et de Montellier. La vanité qu'il tira de cette alliance avec une des plus grandes maisons de Dauphiné ne le consola pas de la perte qu'il avait faite, d'un fils héritier de son nom, mort en bas âge. En effet, on ne saurait disconvenir que M. de Boissieu n'ait été fort entiché de sa naissance, et qu'il ne se soit servi de toute espèce de moyens pour donner à ses aïeux une illustration dont il n'avait jamais été question avant lui. Ses contemporains, retenus par l'éclat de son mérite et de sa position, passèrent sur cette faiblesse, et se permirent à peine quelques plaisanteries sur ses créations généalogiques; mais il s'est rencontré plus tard un censeur qui a pris à tâche de faire cruellement expier à sa mémoire les supercheries historiques que la passion lui avait suggérées. Le nom de Salvaing étant éteint depuis longtemps avec toutes les branches de cette famille; la famille de Balthazard Bouvier de Vourey, qui l'avait relevé à la fin du siècle dernier en prenant le nom de chevalier de Salvaing, venant aussi de s'éteindre, la critique de Philibert Lebrun perd son caractère satirique pour rentrer dans la classe des documents littéraires, et c'est à ce titre que nous n'avons pas craint de la tirer de l'oubli et de la mettre en lumière, d'après le manuscrit original appartenant à la bibliothèque de la ville de Lyon.

OUVRAGES DE SALVAING DE BOISSIEU.

I.

Publii Ovidii Nasonis equitis Romani, Libellus in Ibin : Dionysii Salvagnii Boessii, equitis Delphinatis opera, quâ restitutus, quâ illustratus, quâ explanatus. Lugduni, sumptibus Antonii Pillehotte, 1633, pet. in-4".

L'ouvrage est précédé d'une dédicace latine, en style lapidaire, au président Claude Expilly, compatriote et ami de l'auteur, datée de l'an 1632. Il a été réimprimé avec de nombreuses corrections et additions dans ses *Miscella*, en 1661. C'est à la fin du Commentaire sur Ibis, de cette nouvelle édition, que Boissieu dit qu'il l'a commencé très jeune à Vienne, continué à Paris, et achevé dans son château de Vourey, n'ayant pas vingt ans accomplis. Non content de passer pour un homme distingué par son savoir, il aurait encore voulu, à ce qu'il paraît, se mettre au nombre des *enfants célèbres;* mais ayant sujet de nous tenir en garde contre ses prétentions, de quelque nature qu'elles soient, nous ferons observer que cette particularité ne se trouve pas dans la première édition de son livre, datée, comme on vient de le voir, de l'an 1632, c'est-à-dire de la trente-deuxième année de son âge. Cette remarque n'a d'autre but que de constater un simple fait, sans infirmer en rien le mérite de ce Commentaire, plein d'une érudition toute virile, et telle que le savant Pierre Burmann l'a jugé digne d'être réimprimé dans son édition des œuvres complètes d'Ovide.

II.

Dionysii Salvagnii, etc. Ludovici XIII, regis Francorum et Navarræ Christianissimi, ad Urbanum VIII. P. M. Oratoris, Oratio habita Romæ in aula regia Vaticana XXV Julii 1633. *Carolo Crequio Lesdigueriarum duce, eidem summo Pontifici Regis nomine obedientiam præstante. Parisiis, juxta exemplar Romanum. Apud Guillelmum Pelé,* 1633, pet. in-4° de 16 pages.

La souscription nous apprend que ce volume n'est que la réimpression d'une édition imprimée à Rome la même année et pendant le séjour de l'auteur dans cette ville. Il a été de nouveau reproduit dans ses *Miscella*, que nous citerons plus loin. Chorier en a donné le précis, page 56 de sa Vie du maréchal de Créquy, et il ajoute « qu'il a été traduit en notre langue par Pelletier et Videl, mais qu'il faut avouer que la latinité y étant très pure, des traductions ne lui sont pas avantageuses et lui ôtent de sa force et de ses grâces. »

⁋ Oraison faicte au pape Urbain VIII, dans le Vatican de Rome, le 25 juillet 1633. Par Denis

Salvaing de Boissieu, orateur de Louis XIII, roy de France et de Navarre, vers ledit S. P. à Paris, jouxte la copie latine, imprimée à Rome, par G. Pelé, rue S. Jacques, à la Croix d'or; in-8° de 39 pages.

⁋ Harangue de l'Audiance de Monseigneur de Créquy, duc de Lesdiguières, ambassadeur extraordinaire pour le Roy à Rome; prononcée devant sa Saincteté le 25 de juillet dernier par noble Denys de Salvaing, sieur de la Boesse. Lyon, Cl. Cayne, 1633, in-8°.

Ces deux traductions ne portent point de noms d'auteurs; mais il nous semble que la première doit être attribuée à Louis Videl, et la seconde à Pelletier, moins connu par ses ouvrages que par les vers de Boileau.

III.

Dionysii Salvagnii, etc. Sylvæ quatuor, de totidem Delphinatus miraculis, accedit ejusdem et Isabellæ Deagentiæ Epithalamium, auctore Scipione Guilleto. Accedunt item Salvagniorum Delphinatum qui tum armis tum doctrina quatuor retro seculis præcipue claruerunt Epitaphia. Gratianopoli, ex officina Eduardi Rabani, typographi, sub signo Navis, 1638, in 4° de 64 pages, plus 4 feuillets ajoutés, contenant deux pièces de vers latins, l'une sur la prise d'Arras en 1640, l'autre adressée au cardinal de Richelieu et relative à des événements de la même époque.

Cette édition, qui ne renferme que quatre silves ou petits poèmes sur autant de Merveilles du Dauphiné, passe pour la première ; cependant nous trouvons dans les Commentaires sur Ibis, imprimés en 1633, une phrase qui laisse à penser que la publication de la silve sur la fontaine ardente avait précédé cette année : *Nos quoque silvulam, cui nomen fecimus Pyrocrene, de illo fonte edidimus*. Mais nous ne pouvons citer cette édition que nous n'avons pas rencontrée.

L'auteur en publia une nouvelle, augmentée de trois pièces qui portent au nombre consacré de sept les Merveilles du Dauphiné. Elle est dédiée à la reine Christine, à laquelle Boissieu la présenta lorsqu'il eut l'honneur de complimenter cette princesse à son passage par Valence en Dauphiné, au mois d'août de l'année 1656.

⁋ *Septem Miracula Delphinatus. Ad Christinam Alexandram serenissimam Suecorum Gothorum et Vandalorum Reginam, unicam magni Gustavi sobolem, naturæ superantis se se miraculum. Gratianopoli, apud Philippum Charvys*, 1656, pet. in-8°.

M. de Boissieu s'est plu à revêtir de beaux vers latins et à parer d'inventions poétiques les traditions populaires de son pays sur quelques jeux de la nature, décorés du nom de Merveilles du Dauphiné. Mais, jaloux de ne pas se montrer sous une seule face, il a fait précéder chacun de ses petits poèmes d'une introduction dans laquelle l'érudition du savant rivalise avec l'élégance du poète. Boissieu était trop éclairé pour prendre au sérieux ces prétendues Merveilles, qu'un membre de l'Académie des Inscriptions et Belles-Lettres s'est cru obligé de démolir magistralement, quoiqu'elles eussent été, longtemps avant lui, appréciées à leur juste valeur par un autre poète du terroir :

> Merveilles du pays, dont on dit tant de bien,
> Soit dans les vers, soit dans la prose,
> Vous êtes un peu plus que rien,
> Mais, à dire le vray, vous n'êtes pas grand' chose.

IV.

Vita Margaretæ comitis Albonensis, ante quingentos annos pietate florentis. Scriptore Gulielmo ecclesiæ Gratianopolitanæ canonico. Nunc primum ex Delphinatis Rationalium curiæ scriniis edita. Cura Dionysii Salvagnii Boessii, equitis, sacri Consistorii Consiliarii et in eadem curia præsidis primarii. Gratianop. apud Cl. Bureau, 1643, in-4° de 24 pages.

Cette vie de Marguerite de Bourgogne, comtesse d'Albon, écrite par un auteur contemporain, est précieuse pour les renseignements qu'elle fournit sur la généalogie des Dauphins de la première race. Elle a été réimprimée dans le tome vi de l'*Amplissima Collectio* de D. Martene et Durand; *Parisiis*, 1724-33, 9 vol. in fol., et dans l'ouvrage de Pierre-François Chifflet, intitulé : *Opuscula quatuor*. (*Origo prima comitum Valentinensium ex Pictavensibus*, p. 122). *Parisiis*, *Gab. Martin*, 1679, in-8°.

Elle a été traduite ou plutôt paraphrasée, à la requête d'une abbesse du monastère des Hayes (ou des Ayes) près de Grenoble, par un religieux carme qui ne s'est point nommé :

¶ La vie de Marguerite de Bourgogne, femme de Guy VIII, comte dauphin, fondatrice du monastère royal des Hayes, ordre de Cisteaux, décédée le 8 février 1163. Lyon, Guichard Tronson, libraire en rue Mercière, à la Rose d'argent, 1671, pet. in-12 de 73 pages. — Autre édition, chez le même libraire, 1674, pet. in-12 de 86 pages.

Nous n'avons point vu l'édition que cite le P. Lelong : Grenoble, Galle, 1670, in-8°.

Il ne faut pas oublier la traduction ou plutôt l'imitation élégante qu'a donnée, de l'ouvrage du chanoine Guillaume, M. Albert du Boys, à la suite de La Grande-Chartreuse, ou Tableau historique et descriptif de ce Monastère. Grenoble, Baratier et Vellot, 1845, in-8°.

V.

Traité du Plait seigneurial et de son usage en Dauphiné; par Messire Denis de Salvaing, etc. Grenoble, Jean Nicolas, 1652, in-8°.

❡ De l'usage des Fiefs et autres Droits seigneuriaux, contenant plusieurs remarques incidentes servans à l'histoire de Dauphiné. Grenoble, Fr. Féronce, marchand libraire, rue du Palais, à la maison du Sr Nicolas, 1664, in-8°.

Premières éditions de ces deux Traités, qui revus et augmentés ont été réunis sous ce titre :

❡ De l'usage des Fiefs et autres Droits seigneuriaux; seconde édition, augmentée de la seconde partie et du Traité du Plait seigneurial, avec plusieurs remarques servants à l'histoire. Grenoble, chez Robert Philippes, 1668, in-fol.

❡ La même; troisième édition. Avignon (ou Grenoble), Charles Giroud, 1731, in-fol.

❡ La même; dernière édition, revue, corrigée et augmentée. Grenoble, André Faure, 1731, in-fol.

Ces deux éditions, quoique imprimées sous la même date, sont tout-à-fait distinctes, et celle d'André Faure est la plus belle.

Ces nombreuses réimpressions témoignent suffisamment du mérite et de l'importance de l'ouvrage. Tout ce que nous nous permettrons d'ajouter, c'est que, jusqu'à l'époque de la Révolution, les décisions formulées dans ce judicieux Traité ont fait autorité dans plusieurs parlements du royaume. Il a passé depuis de la bibliothèque des jurisconsultes dans celle des savants, où les documents qu'il conserve le placent désormais à l'abri des injures du sort.

Le président de Boissieu n'était pas homme à écrire un volume sur les matières féodales sans trouver occasion de parler de sa famille et de lui-même. Aussi n'oublie-t-il pas de citer le cri de guerre de ses ancêtres et l'acte d'inféodation qu'il passa de la terre de Saint-Bonnet à noble Humbert de Chaponay, conseiller au parlement de Grenoble, sous le plait d'une paire de gants de cerf et aux autres conditions énoncées dans l'acte, du 28 août 1647.

Les différentes éditions de l'Usage des fiefs sont précédées d'une élégie en vers hexamètres et pentamètres, intitulée: *Elegia authoris de se ipso*. C'est un résumé poétique de sa vie et de ses travaux littéraires, qui, plusieurs fois retouché et augmenté, se compose de 194 vers dans la dernière édition que l'auteur en a donnée, à la suite de sa Vie par Nicolas Chorier. Les renseignements biographiques qu'elle fournit, et l'élégance de la versification, nous ont engagé à la reproduire dans ce volume.

VI.

Dionysii Salvagnii Boessii, etc., Miscella. Lugduni, apud Laurent. Anisson, 1661, in-8°.

Le titre est suivi d'une table des pièces contenues dans le volume, sous des paginations différentes, et qui pour la plupart, ainsi que nous l'avons fait remarquer, avaient été déjà publiées.

❡ *Libellus in Ibin commentario perpetuo illustratus.*

Nouvelle édition, corrigée et considérablement augmentée.

❡ *Vetus interpres Ovidiani libelli in Ibin, tandiu desideratus. Et in eum Notæ Dionysii Salvagnii, etc.*

Salvaing dit que cet ancien commentaire avait été déjà publié à Paris, chez Denis du Pré, l'an 1581, mais tellement incorrect et mutilé, qu'il a cru devoir en donner un texte corrigé d'après deux manuscrits et éclairci par ses propres notes.

❡ *Philo Bysantius de septem mundi Miraculis, cum versione latina.*

Un avis au lecteur annonce que, durant le séjour que l'auteur fit à Rome l'an 1633, il avait trouvé le manuscrit de cet ouvrage dans la bibliothèque du Vatican, et que, séduit par l'élégance et l'agrément du style, il avait formé le projet de le traduire du grec en latin; mais que, distrait par ses occupations publiques, il s'était laissé prévenir par

Léon Allatius, (savant d'autant plus habile dans la langue grecque qu'il appartenait à cette nation), dont la version parut à Rome en 1640. Il avait en conséquence résolu de passer l'éponge sur son travail, si Jacques Sirmond, Denis Pétau, Nicolas Rigault, Claude Saumaise et autres doctes personnages ne s'y fussent opposés et ne l'eussent décidé à le publier.

Boissieu ajoute qu'il n'est point toujours du sentiment d'Allatius, et c'est là sans doute ce qui a porté un éditeur moderne à réunir les deux versions sous ce titre :

Philonis Bysantii de septem mundi Miraculis Opusculum, græce, cum notis Leonis Allatii, et ejusdem ac Dionysii Salvagnii Boessii versione latina, edidit notasque suas nonnullas addidit L. Teucherus. Lipsiæ, 1811, in-8°.

☾ *Oratio habita Romæ, nomine Ludovici XIII, regis Francorum Christianissimi, ad Urbanum VIII, summum pontificem, cum multis scitu dignis ad legationem obedientiæ pertinentibus.*

La harangue seule est en latin : les autres pièces, lettres et instructions sont en français. Nous avons reproduit à la suite des Mémoires celles qui concernent particulièrement Salvaing de Boissieu.

☾ *Lusus poetici de septem Delphinatus Miraculis, adjecta præfatione historica.*

Dernière édition de ces silves, délassements poétiques d'un grave magistrat.

❡ *Pia carmina in honorem Mariæ Valernodiæ, fœminæ sanctimonia vitæ insignis.*

Epitaphe et vers en l'honneur d'une pieuse dame, Marie de Valernod, femme du seigneur d'Hercules ou d'Herculais, de la maison de Theys, en Dauphiné.

❡ *Alia de B. Maria Viminali miraculis celebratissima.*

Ce sont des vers inspirés à la piété de l'auteur par un miracle arrivé l'an 1649 dans un hameau près de Vinay, qui en a retenu le nom de Notre-Dame-de-l'Ozier. C'est encore de nos jours un lieu de pélerinage très fréquenté par les fidèles du département de l'Isère et des départements circonvoisins.

❡ *Elogia illustrium aliquot virorum e gente Salvagnia, tumulis ipsorum partim inscripta, partim inscribenda.*

Nous ne dirons rien de ces éloges et de ces projets d'épitaphe dont Philibert Lebrun s'est suffisamment occupé. Ils sont accompagnés d'une liste des maîtres de l'ordre du Temple, *inédite et tirée des vieilles archives du couvent des Chartreux de Villeneuve.* Dans cette liste figure, comme de raison, Guiffrey de Salvaing, un des prétendus illustres de sa famille, que le président a modestement investi de la grande-maîtrise sous l'année 1285. Ce couvent ne peut être que celui plus connu sous le nom de Chartreuse de Villeneuve-lès-Avignon; et, à propos de Templiers, il faut avouer que le lieu n'est pas mal choisi, tout proche de la ville où fut instruit le procès et décrétée l'abolition de cet Ordre. Mais, comme ce manuscrit n'a jamais été vu que par M. de Boissieu, et que la liste qu'il donne, y compris Guiffrey de Salvaing, a été depuis longtemps rebutée des savants, il est permis de douter, sinon de son existence, du moins de sa sincérité.

¶ *Tetrastichon inscriptum foribus Voreanis, sub gentilitio scuto Salvagniorum.*

¶ *Aliud in fonte Voreano.*

Suit une ode latine très laudative, adressée au président par un jésuite, Claude Gratte.

Le volume se termine par une pièce de vers signée *Dion. Salvagnius Boessius*, et intitulée :

¶ *Tumulus Julii Mazarini, cardinalis eminentissimi.*

VII.

Généalogie de la maison de Salvaing (Grenoble, 1683), in-12 de 180 pages, sans titre.

On ne saurait douter que cette généalogie n'ait été dressée par M. de Boissieu lui-même, puisque, dans l'article qui le concerne, il parle à la premiére personne. Il est à présumer que l'impression n'en fut terminée que peu de temps avant sa mort, arrivée le 10 avril 1683, et que ses héritiers négligèrent de faire imprimer le titre, qui manque en effet à deux exemplaires de ce rare volume, les seuls qui aient passé par nos mains.

Les fictions imaginées par M. de Boissieu en l'honneur de sa famille, circulaient depuis plus de quarante années dans les ouvrages de tous les savants qui s'occupaient de blason ou de généalogies. Sans parler de Vulson de la Colombière, de Chorier, de Guy Allard, du père Hilarion de Coste, du jésuite Petra Santa, d'André de la Roque, de François-Augustin della Chiesa, évêque de Saluces, l'illustre Du Cange, dans ses dissertations sur Joinville, avait cité le cri de guerre des Salvaing, et imprimé dans son Glossaire la liste des grands-maîtres du Temple, parmi lesquels figurait un de ses ancêtres. Le président de Boissieu pensa que la grande prescription lui était acquise, et voulut, avant sa mort, se donner le plaisir de réunir en un volume les fables dispersées dans les ouvrages de ses compères ou de ses crédules amis. Il fit imprimer sa généalogie. Nous sommes dispensé de nous occuper de cet ouvrage, objet spécial de la critique de Philibert Lebrun, et nous nous bornerons à dire qu'il contient un abrégé de la vie de

Salvaing de Boissieu, extrait en partie des Mémoires plus étendus que précède cette notice.

———

Nous apprenons de Chorier que Boissieu l'emportait sur tous ses contemporains par ses connaissances dans l'art du blason, et qu'il fut le principal auteur des ouvrages publiés sur cette matière par Vulson de la Colombière. « Et pourtant il ne voulut en tirer aucune gloire et l'abandonna tout entière à son élève, qui, détestant pour sa part l'ingratitude, s'empressa toujours de proclamer qu'il ne savait rien que ce qu'il avait appris de sa bouche. » Philibert Lebrun, dans la critique dont nous avons parlé, impute la réserve du président à un motif moins honorable, et se complaît à dévoiler le secret de ce marché singulier.

Il en est de même du volume intitulé :

Histoire du chevalier Bayard, avec son Supplément par Mre Claude Expilly, président au parlement de Dauphiné; et les Annotations de Théodore Godefroy, augmentées par Louis Videl; nouvelle édition. Grenoble, Jean Nicolas, 1650 ou 51, in-8°.

M. de Boissieu a préféré qu'il parût sous le nom de Louis Videl plutôt que sous le sien, afin d'être plus à son aise pour le farcir de tout ce qu'il avait rêvé de sa famille. Il faut donc se tenir en garde contre la plupart des pièces rapportées dans les nouvelles annotations de cette édition, où le texte de l'ancien historien de Bayart est d'ailleurs tronqué et complètement modernisé.

La vie du président de Boissieu, écrite par Nicolas Chorier, son protégé, a paru trois ans avant sa mort, sous ce titre :

❡ *De Dionysii Salvagnii Boessii Delphinatis, viri illustris, Vita. Liber unus. Nicolai Chorérii, viennensis I. C. Ad Philippum Porroyum Lauberiverium, virum clarissimum. Gratianopoli, apud Provensal,* 1680, pet. in-12.

Cette Vie, ou plutôt ce Panégyrique, n'est guère qu'une amplification des Mémoires imprimés dans ce volume et communiqués à Chorier par son patron. Le style, abondant en réminiscences classiques, est aussi facile qu'élégant, et si l'auteur n'a pas toujours évité l'obscurité, la faute regarde plus l'emploi qu'il a fait d'une langue morte que la manière dont il s'en est servi.

Le tome XIIe de l'Histoire de l'Académie des inscriptions et belles-lettres contient un assez court mémoire sur la vie et les ouvrages du président Salvaing de Boissieu, dans lequel Antoine Lancelot s'est principalement occupé de le disculper de l'imputation d'avoir composé les fameux Dialogues *De arcanis Amoris et Veneris.* Le fait est que, la certitude de l'origine dauphinoise du livre étant à peu près acquise, les soupçons durent naturellement se porter sur les personnes qui se distinguaient alors dans cette province par l'élégance avec laquelle elles écrivaient en latin. L'accusation n'avait pas d'autre fondement à l'égard de M. de Boissieu; et, d'ailleurs, le véritable auteur de cet ouvrage licencieux a pris tant de précautions pour s'en assurer la propriété, qu'il n'est pas permis de douter qu'il ne soit de Nicolas Chorier.

L'article Salvaing du Moréri de l'édition de 1759 est fort exact, et par conséquent très préférable à celui que la Biographie universelle doit à la plume trop féconde de M. Weiss.

Il ne nous reste plus qu'à parler du manuscrit que nous publions ici pour la première fois. C'est un résumé de la vie de Salvaing de Boissieu, semé de particularités intéressantes, de noms propres, et plus modestement écrit que l'on n'aurait droit de s'y attendre. Il se compose de 42 pages d'une écriture serrée et très lisible, occupant la fin d'un cahier de 182 feuillets in-4°, tout entier de sa main et dans lequel se trouve enregistrée la récapitulation de toutes ses affaires de famille et d'intérêt. Chaque feuillet, soigneusement paraphé, témoigne des habitudes judiciaires du président de la Chambre des comptes. Il n'y a pas jusqu'à cette Relation des principaux événements de sa vie qui ne soit munie de ce *ne varietur*. Salvaing de Boissieu a, du fond de sa tombe, assez de reproches à nous adresser, pour que nous ayons la pensée de contrevenir à ses intentions exprimées avec tant de formalité. Nous donnerons donc cet ouvrage, scrupuleusement collationné à l'original, et rejetterons à la fin les quelques notes qu'il nous a paru mériter.

RELATION

DES PRINCIPAUX ÉVÉNEMENTS DE LA VIE

DE DENIS DE SALVAING

Premier Président
en la Chambre des Comptes de Dauphiné.

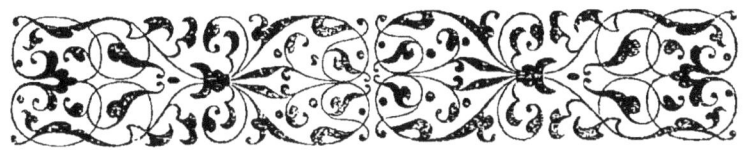

RELATION

DES PRINCIPAVX EVENEMENS

de ma Vie.

E suis né à Vourey [1], le vintunième d'avril mille six cens, sur les six heures du soir. Dez que je fus en âge d'apprendre quelque chose, Charles de Salvaing mon père, homme d'un rare mérite et le plus sçavant gentilhomme de son temps, de la profession des armes, tint près de moy des précepteurs. Il y en eut un, lorrain, que son mérite éleva quelques années après à une charge considérable près du duc de Lorraine, dont le nom est échapé à ma mémoire. L'eschole de Saint-Joire [2] fut ma pre-

mière sortie où j'appris les élémens de la grammaire. De là je fus envoyé au collége des Jésuites à Vienne, où je rencontray heureusement un excellent maistre, le père Baltazar de Bus, à la mémoire duquel je reconnois d'estre beaucoup redevable. 3

Pendant le séjour que je fis à Vienne, mon père mourut le jour de la feste des Roys, mille six cens quinze, dont la perte eut attiré celle de mes estudes, si ma mère, Charlote d'Arces, femme de grand cœur, et de grande conduite, n'eut suivy ses intentions. Elle demeura chargée de sept fils et de deux filles 4 qu'elle a élevés selon la portée des biens de la maison, qui estoient médiocres. Elle consentit que j'allasse à Lion suivant mon désir, pour y continuer mes estudes. Mais, peu de jours après, François de Galles, seigneur de Belliers 5, grand homme et le meilleur parent qui fut jamais, passant à Lion, l'an 1617, pour aller à la Cour qui a esté son séjour tout le temps que la guerre ne l'a pas occupé, jugea que je les devois achever en l'Université de Paris : de sorte qu'il m'emmena, s'estant chargé de l'agrément de ma mère.

A mon arrivée, il pria Pierre Mathieu et André du Chesne, tous deux historiographes du Roy, de me loger dans quelque collége. Ils choisirent celui de Reims, où je fus pensionnaire du principal, nommé Jean Morel, qui avoit la réputation d'estre l'un des sçavans de l'Université. Peu de temps après ma mère m'envoya une lettre pour M. l'advocat général Servin, issu puisné de nostre maison [6], qu'elle supplioit de m'honorer de ses soins. Et à la vérité, il me reçeut avecque beaucoup d'empressement, et, après que j'eu passé quelques mois auprès du bon homme Jean Morel, grand orateur et grand poëte, il m'en retira pour me loger auprès d'Isaac Habert, mort évesque de Vabres, qui enseignoit la philosophie au collége de Lisieux, pour estre aggrégé à la Sorbone. Il prenoit la peine de m'y venir voir souvent, et voulut aussi que je me rendisse chez luy deux fois la semaine, où je luy devois rendre compte de mes estudes : et quoyque la salle fut toujours pleine de monde, il ne laissoit pas de me faire des leçons en présence de toute la compagnie, dont je devrois avoir mieux profité que je n'ay fait.

L'an 1618 l'exercice du collége de Clermont aiant esté rétably par le Roy, les Jésuites y appellèrent les plus excellens hommes de leur ordre, et entr'autres Denys Petau et Nicolas Caussin, qui enseignoient la première l'un le matin, l'autre l'après-dinée avecque tant d'éloquence et de doctrine, qu'outre les escholiers ordinaires ils avoient souvent pour auditeurs des officiers et autres personnes de qualité. J'y assistois autant que les leçons de M. Habert me le permetoient. J'allois aussy quelquefois aux lectures des professeurs royaux, principalement à celles de Féderic Morel pour la langue grecque que je me rendis assez familière, et d'autant plus que M. Habert employoit toujours le texte grec d'Aristote dans ses leçons de philosophie.

J'avoue que les soins que MM. Servin et de Belliers prenoient de mes estudes furent un puissant obstacle à la débauche qui ruine la santé, l'esprit et la fortune des jeunes gens : ce qui me remet en mémoire ces beaux vers de M. le chancellier de l'Hospital, où il parle de l'Université de Valence en l'Epistre qu'il adresse *ad Jacobum Fabrum, lib. 5 Epistol.* C'estoit M. du Faur de Pibrac, grand personnage :

> Nec te carminibus, præclara Valentia, nostris,
> Aut liquidos fontes et mollia prata silebo :
> Tu legum fontes aperis, tu juris et æqui
> Prima subalpinis monstrasti gentibus artem ;
> Sed juvenum faciles animi capiuntur in urbe
> Sæpe tua, et teneras ardent sine more puellas,
> Mentitique patrum spem turpiter inde suorum,
> Aut vertere solum, aut in propria tecta reversi
> Exegêre suis despectum civibus ævum.

Ce n'est pas qu'il ne m'arriva quelquefois de relacher de l'assiduité que j'avois à l'estude; mais la sévérité de M. de Belliers, qui passoit peu de semaines sans s'informer de ma conduite, retenoit la disposition que j'avois à suivre l'exemple de mes camarades qui estoient moins studieux.

Pendant les deux années que je demeuray dans l'Université, je fis des connoissances qui m'ont esté fort utiles, entr'autres celle de M. de Chavigny [7] qui depuis a esté secrétaire d'Estat et favory de M. le cardinal de Richelieu. J'avois une estroite amitié avecque M. de la Barde [8] son cousin germain, qui a esté dix-huit ou vint années ambassadeur pour le roy aux Suisses. C'est de luy que nous avons une histoire latine de ce qui s'est passé de plus mémorable en France depuis l'an 1643 jusques à l'an 1652, imprimée à Paris l'an 1671, sous ce titre : *Joannis Labardœi Matrolarum ad Sequanam Marchionis, Regis ad Helvetios et Rhœtos extra ordinem legati, de rebus Gallicis Historiarum libri decem, ab anno* 1643, *ad annum* 1652.

Sur la fin de l'année 1619, M. le président Expilly [9], qui estoit fort amy de feu mon père, s'estant trouvé à Paris, me ramena en Dauphiné, où d'abord j'allay rendre mes devoirs à M. le mareschal de Lesdiguières, du depuis connestable, lequel ayant sceu de M. Expilly que j'avois rapporté quelque fruit de mes estudes, me fit l'honneur de me conseiller de m'attacher à la profession de la robe, quoyque tous mes ancêtres eussent suivy celle de l'espée. Ce qui m'obligea d'estudier en droit et de prendre ensuite mes lettres de docteur en l'Université de Valence, le 15 d'avril 1621.

Le 20 octobre suivant Antoine de la Baume, mon parfait amy, τὸν ἐγὼ περί πάντων τῶν ἑταίρον ἴσον ἐμου κεφαλῇ, mourut à Crest, agé d'environ dix-huit ans : c'estoit le plus bel esprit que j'aye connu de ma vie. Il estoit fils de Pierre de la Baume, doyen du parlement et frère aisné d'autre Pierre de la Baume, seigneur de Chasteaudouble, à présent aussy doyen du Parlement. [10]

L'année 1623 je retournay à Paris avec quelque répugnance de ma mère, qui néanmoins pourveut à mon entretènement *. J'allay loger en la rue Saint-Jaques, vis-à-vis du collége de Clermont, où je voyois souvent le père Jaques Sirmond, jésuite [11], un des plus grands hommes de son ordre, dont la réputation n'a pas esté moindre parmy les étrangers que parmy nous. Quelquefois aussy j'allois ouyr le Philosophe soldat [12] qui faisoit des leçons de philosophie au collége du Plessis, qui est en la mesme rue. C'est ainsy qu'on appelloit cet homme qui, après avoir suivy la guerre où il avoit esté blessé d'une mousquetade aux deux genoux, dont il estoit boiteux, avoit fait retraite en l'Université

---

* L'auteur avait mis *entretien*, mais il l'a corrigé par *entretènement* ; ce serait le contraire que l'on ferait aujourd'hui.

de Paris où il estoit fort suivy, tant à cause de la qualité du personnage qui prenoit l'espée à la sortie de la chaire, que pour la manière particulière dont il enseignoit la philosophie.

J'estois logé avec Messieurs de Ponnat et de Belmont[13], qui du depuis ont esté conseillers au Parlement et mes amis particuliers, lesquels n'avoient pas moins d'application à l'estude que moy, n'estant point de jour qu'ils ne donnassent plus de six heures à la lecture, principalement à celle de l'histoire. Je ne m'estonne pas aussy de l'estime qu'ils se sont acquise dans leur compagnie.

Pendant ce temps-là je voulus avoir quelques connoissances des mathématiques, que M. Martin, professeur en la chaire de Ramus, me venoit enseigner une heure tous les jours. Il y estoit fort versé; mais il estoit si infatué de sa Judiciaire qu'il s'estoit mis dans l'esprit d'estre en péril d'un assassinat dans sa maison, de sorte qu'il n'avoit point d'autre logis qu'un colombier vuide au faubourg Saint-Jaques où il avoit fait porter son lit, et tiroit l'échelle après luy sans aucun vallet: je n'ay pas sceu quelle a esté sa fin.[14]

L'année 1623, Monsieur le comte de Soissons fit sa première entrée en son gouvernement de Dauphiné[15]. J'eu le bonheur d'estre connu de luy, et, si je l'oze dire, d'estre honoré de son estime, n'estant point de gentilhomme de mon âge qui eut l'honneur d'avoir plus d'accez auprès de luy que moy. Cette cour me débaucha tellement que je ne pensay plus à la profession de la robe, et je prétextois ce changement de la cherté des Offices.

Je devins amoureux de la fille aisnée de M. du Perse, capitaine des gardes de Mons. le Connestable [16], qui estoit de la religion : cette demoiselle estoit fort jeune, belle, sage et de bon esprit; mais la diversité de religion donna sujet, au Consistoire de Grenoble, d'apprehender le succez de ma recherche et d'en faire des remontrances au père, qui fit la responce d'un homme qui avoit suivy la guerre toute sa vie, comme avoient fait tous ceux de la maison de Monsieur le Connestable : Les filles, dit-il, n'ont point d'autre religion que celle de leurs maris. Néanmoins ceste remontrance l'obligea de se retirer aux champs : ce qui n'empescha pas ma persévérance, qui fut telle que la suite de mes amours eut des avantures de roman, comme a sceu toute la province. Il y eut enfin des articles convenus entre le père et moy du consentement de ma mère, qui n'eurent point d'effet par la seule raison que Dieu nous destinoit à d'autres.

Cependant M. le comte de Talard, de la maison de Bonne, qui estoit fort mon amy, fit un régiment d'infanterie dans lequel je pris une compagnie contre la volonté de ma mère et celle de mes parens qui m'en firent de rudes censures, tant j'estois aliéné de la profession à laquelle on m'avoit destiné. Quelques mois après le régiment aiant esté réformé, je me laissay persuader à reprendre la pensée de la robe. Mons. le Connestable mesmes, qui avoit toujours protégé nostre maison, eut la bonté de me témoigner qu'il approuvoit ce changement. L'occasion se présenta deux ou trois ans après d'un petit office qui me peut donner de l'occupation jusqu'à ce qu'il s'en offrit quelqu'un plus considérable : c'estoit celluy de substitut de M. le Procureur général au Parlement. Je fus pourveu du premier des quatre qui furent créés par édit du mois d'aoust 1628. Ensuite il m'arriva de parler assez souvent en public, en l'absence ou du consentement de MM. les gens du Roy.

Néanmoins cet employ ne m'osta pas tellement les habitudes que j'avois avecque la Noblesse que je n'assistasse à toutes les assemblées, me ressouvenant que l'année 1630, le Roy aiant convoqué l'arrièreban de Dauphiné pour le secours de Casal, et donné le commandement à César Martin, comte de Disimieu, gouverneur de Vienne et bailly du Viennois, une partie de la Noblesse assemblée à Bourgoin députa quatre gentilshommes à Sa Majesté qui estoit alors à Lion, pour luy faire de très humbles remontrances qu'elle n'avoit jamais esté commandée que par le gouverneur de la province ou par le lieutenant de roy, ou par celluy qu'elle-mesme nommoit de son corps *: et comme j'assistay à cette assemblée, je fus député à l'autre partie de la Noblesse qui estoit à Goncelin, pour la disposer à prendre la mesme résolution comme elle fit. Ensuite de quoy Sa Majesté agréa que Monsieur le comte de Sault, lieutenant de roy, commanda l'arriéreban. [17]

L'année suivante 1631 je traitay de la charge de vibailly de Grezivaudan, en laquelle je fus receu le 6 février 1632. M. le président Expilly, qui a toujours eu pour moy une affection paternelle, sans qu'il y eut aucune alliance entre luy et moy, me conseilla de penser plutot à cette charge qu'à une de conseiller au Parlement. Peu de temps après il me proposa la recherche de la fille aisnée de Messire Guichard Deageant[18], premier président en la Chambre des comptes et auparavant intendant des finances, qui a eu tant de part au gouvernement pendant la faveur du connestable de Luynes. Ses prédécesseurs ont esté seigneurs de Sigotier en Gapençois, et l'un d'eux aiant pris la profession de la robe s'établit à Saint-Marcellin où il exerça la charge de vibailly, et y fonda le couvent des Carmes qui a ressenty de nouvelles preuves de la piété de

---

* Ces quatre gentilshommes estoient MM. de Saint Jullien (La Poipe), de Pusignan (Costaing), de Monferrier (Dorgeoise) et de la Roche de Grane.

M. Deageant par la fondation qu'il y a faite d'un collége pour l'instruction de la jeunesse du lieu de sa naissance. Le jour que la proposition du mariage me fut faite, M. Deageant qui n'en sçavoit rien eut la mesme pensée qui luy roula dans l'esprit une partie de la nuit; de sorte que l'ouverture luy en aiant esté faite le lendemain par M. Expilly, dans le jardin des Capucins, il fut si persuadé qu'elle venoit de Dieu qu'il la reçeut agréablement, et après les articles signés, il fit venir Elisabeth, sa fille, de Paris où elle estoit née, et où elle avoit esté nourrie et élevée avec une sœur puisnée et trois de ses frères.

Le mariage fut célébré le mois de may 1632, qui fut le sujet d'une course de bague, laquelle fut donnée par l'espousée, et gagnée par M. le mareschal de Créquy, seigneur d'aussy bonne mine qu'il y en eut en France et fort adroit en toute sorte d'exercices, que le Roy nomma, la mesme année, son ambassadeur extraordinaire à Rome, pour prester, au nom de Sa Majesté, l'obédience filiale au pape Urbain VIII. Et comme l'ambassadeur est accompagné d'un Orateur pour faire la harangue latine, le Roy me fit l'honneur de jetter les yeux sur moy pour cet employ; ce qui fut très agréable à M. le mareschal de Créquy, qui m'avoit proposé à Sa Majesté. [19]

Sur quoy j'ay fait souvent une réflexion digne

de remarque. Quoyque l'obédience deut estre prestée à tous les papes après leur promotion au pontificat, si est-ce qu'on la recule tant qu'on peut à cause de la grande dépense dont elle est suivie, à moins qu'une conjoncture favorable oblige Sa Majesté de la faire; cependant la personne du Pape vient à changer : ce qui fait que cette ambassade est assez rare. Néanmoins il est arrivé qu'en deux ambassades consécutives, l'une de M. le duc de Nevers, depuis duc de Mantoue, pour le roy Henry le Grand au pape Paul V, l'autre de M. de Créquy pour le roy Louis XIII à Urbain VIII, les deux orateurs se sont trouvés d'un mesme village appellé Vourey, l'un nommé Bressieu [20], qui décéda l'an 1617, l'autre Boissieu. Je prononçay la harangue estant à costé de M. de Créquy, le 25 de juillet 1633, devant le Pape et les cardinaux qui se trouvèrent à Rome, et une infinité de prélats et autres personnes de qualité, dans la grande sale du Vatican qu'on appelle la sale royale, à cause que Sa Sainteté n'y reçoit l'obédience que des roys. Que pouvois-je souhaiter de plus glorieux et de plus satisfaisant en ma profession et en mon âge, que de parler pour le fils aisné de l'Eglise et le plus grand Roy de la chrestienté au chef visible de l'Eglise, sur le théâtre de la Chrestienté?

Le lendemain, M. le cardinal Bentivoglio estant venu voir M. de Créquy, me dit en sa présence que j'avois parlé avecque beaucoup d'assurance; je répondis que je n'avois eu garde d'en manquer, estant à costé d'un des plus vaillans hommes de l'Europe. Quelques jours avant la prononciation, la coutume estant de faire voir la harangue au secrétaire des Brefs pour les princes, et au maistre du sacré Palais qui est toujours de l'ordre des Dominicains, de mesme qu'avant mon départ de France elle avoit esté veue de Mons. le cardinal de Richelieu, l'on m'y fit trois ou quatre difficultés importantes à la gloire du Roy et à celle de la couronne, sur le sujet desquelles j'eu deux conférences avecque Mons. le cardinal Barberin, nepveu du Pape, et une avec Sa Sainteté mesme, dont le succès fut tel qu'en aiant rendu compte au Roy, Sa Majesté me fit l'honneur de me témoigner la satisfaction qu'elle en avoit par la lettre qu'elle me fit escrire par M. Bouthillier, secrétaire d'Estat, qui se trouve transcrite dans le *Mercure françois* de la mesme année *. L'Histoire du ministère de Mons. le cardinal de Richelieu, composée sur ses Mémoires par Mons. l'évesque d'Avranches **,

---

* Voy. cette pièce à l'Appendice.

** Histoire du ministère d'Armand-Jean Duplessis cardinal duc de Richelieu, sous le règne de Loùys-le-Juste, XIIIme du nom, roy de France et de Navarre, par Charles Vialart dit de Saint-Paul, évêque d'Avranches. Paris (Hollande, Elsevier), 1650, 2 vol. pet. in-12.

en fait aussy mention plus avantageuse que je ne mérite, comme a fait aussy M. l'abbé de Marolles dans son Abrégé de l'histoire de France.

Pendant le séjour que je fis à Rome, j'eu l'honneur de voir assez souvent le Pape, qui, aymant la poésie et les belles lettres, prenoit plaisir de s'en entretenir avecque moy, le plus souvent en latin, quelquefois en françois, rarement en italien, contre la coutume de ceux de sa nation, et je puis dire avecque vérité qu'il parloit latin avec une merveilleuse facilité. Il nous a laissé un recueil de ses poésies, qui a eu l'approbation de tous ceux qui en sçavent juger [21]. Les visites qu'il agréoit que je luy fisse estoient plus longues que n'estoit l'audience qu'il donnoit à M. de Créquy, parce que celle-cy n'estoit que d'affaires, qu'il renvoyoit le plus souvent au cardinal François Barberin, son nepveu; mes visites au contraire n'estoient que de livres et de science.

Je fis connoissance à Rome avecque deux sçavans hommes, Lucas Holstenius et Leo Allatius [22] : le premier estoit d'Hambourg, homme très versé en la géographie et en la langue grecque, qui, s'estant étably à Rome, fut chanoine de Saint-Pierre et sous-bibliothécaire du Vatican; l'autre estoit grec de nation, dont le nom est assez connu par ses œuvres.

Le Pape m'accorda un indult, du 16 juillet,

pour jouir de cinq cens ducats *de camera* de pension sur des bénéfices, nonobstant que je fusse marié [23]. A mon départ, Sa Sainteté me commanda de luy donner quelquefois de mes nouvelles en la personne de Mons. le cardinal Barberin. Elle ordonna que je fusse défrayé par les gouverneurs des principales villes de l'Estat ecclésiastique, ce qui n'a jamais esté fait pour aucun de ceux qui m'ont dévancé en cet employ. De sorte qu'estant à six milles de Fano en la marque d'Ancone, je rencontray le carrosse du cardinal Sachetti avec un escuyer qui me vint recevoir de sa part. Estant à six milles de Ferrare, le carrosse du cardinal Palotta m'y vint aussy recevoir. Il en fut fait de mesmes à Ravenne par le seigneur Corsini, président de la Romagne, c'est-à-dire gouverneur, et en quelques autres villes.

Je ne m'arrestay à Rome que quatre mois, parce que je receu ordre du Roy d'aller visiter les lieux contentieux entre le Pape et les Vénitiens qui estoient en guerre sur le sujet des relaissés du Pô entre Loreo et l'Ariane, pour en faire le rapport à Sa Majesté, comme je fis. M. de la Tuillerie, ambassadeur pour le Roy, me voulut loger pendant le temps que je fus à Venise.

L'année 1635, estant à Saint-Germain-en-Laye où j'avois accompagné M. le mareschal de Créquy après son retour de Rome, le Roy m'accorda de sa propre bouche la qualité de conseiller d'Estat aux gages de quinze cens livres, dont le brevet me fut envoyé en Dauphiné par M. Servient, secrétaire d'Estat, à cause que je fus obligé de m'en retourner à Grenoble avant qu'il fut expédié : tellement que je ne prestay serment entre les mains de M. le chancellier Séguier que le 29 de novembre 1639, qu'estant à Paris, les lettres m'en furent expédiées.

Sur la fin de la mesme année 1635, je receu la plus sensible douleur qui me pouvoit arriver par la perte que je fis le 20 de novembre d'Elisabeth Deageant ma femme, agée de vint-six ans, qui me laissa une fille et un fils qui ne la survécut que de huit mois. La vérité m'oblige de dire qu'il y avoit peu de femmes qui eussent d'aussy bonnes qualités qu'elle. Aussy avoit-elle esté nourrie avecque grand soin pendant la faveur de son père. Son corps repose dans ma chapelle de Vourey où je luy ay fait graver un épitaphe sur du marbre noir que je fis apporter de Paris, dont la bordure est du marbre de la Porte de France de Grenoble; le bust est d'albastre de Vizile, de la main de maistre Jacob Richer, l'un des excellens sculpteurs de son temps, duquel on fait voir des figures dans le chasteau de Fontainebleau. Celle-cy est la dernière qu'il a faite. [24]

Voici la teneur de l'épitaphe :

CY GIST

DAME ELISABETH FILLE DE MESSIRE GVICHARD DEAGEANT CHEVALIER SIRE DE BRVLON BARON DE VIRE CONSEILLER DV ROY EN SES CONSEILS INTENDANT DE SES FINANCES ET PREMIER PRESIDENT EN SA CHAMBRE DES COMPTES DE DAVPHINE ET FEMME DE MESSIRE DENYS DE SALVAING DE BOISSIEV CHEVALIER SEIGNEVR DE SALVAING DE BOISSIEV ET DE VOVREY CONSEILLER DV ROY ORDINAIRE EN SES CONSEILS ET PREMIER PRESIDENT EN LA MESME CHAMBRE DES COMPTES LAQVELLE ESTANT DOVEE DE QVALITEZ EMINENTES AV DESSVS DE SON SEXE A TEMOIGNE PAR LA BREVETE DE SA VIE QVE LES PLVS BELLES AMES S'ARRESTENT LE MOINS EN CE MONDE

ELLE EST NEE A PARIS LE DEVZIEME DE IVILLET MDCIX MORTE A GRENOBLE LE VIII DE NOVEMBRE MDCXXXV ET REPOSE EN CE LIEV AVECQVE LES ANCETRES DE SON MARY QVI NE METTRA IAMAIS DE FIN A SON DEVIL QVE LORSQVE LA MORT AVRA REIOINT LES DEVX MOITIEZ QV'ELLE A SEPAREES

L'année 1636, je fis une autre perte en la personne de messire Claude Expilly, président au Parlement, qui m'avoit toujours aymé tendrement, et peu de temps après, mon fils mourut, sur quoy je fis ces quatre vers :

> Qui thalami junctam mihi fœdere sustulit annus,
>   Annus filiolum sustulit ille meum.
> Te simul, Expilli, mihi sustulit; addite, fata,
>   Me quoque, do veniam, si mihi nulla datur.

Et, comme la charge de vibailly de Grezivodan n'est pas une charge qu'on doive exercer toute la vie, à cause de la grande application qu'elle exige, je m'en démis la mesme année, en faveur de M. du Vivier, aujourd'hui président en la Chambre des comptes, attendant que je fusse pourveu de quelqu'autre: cependant j'assistay à toutes les assemblées de la Noblesse, qui se tenoient par la permission du Roy sur le sujet de l'arrest obtenu par le tiers estat, le dernier de may 1634, qui, outre la réalité des tailles qu'il ordonnoit contre l'ancien usage de la province, mettoit par terre quantité d'annoblis. L'ordre qu'elle tenoit en ses assemblées estoit que chaque jour elle eslisoit quelqu'un des principaux gentilshommes pour y présider. Elle me fit l'honneur de me nommer diverses fois, quoyque je le méritasse moins que plusieurs autres.

Toute la France a sceu le sujet du différent qui fut entre M. le comte de Sault, lieutenant de roy, et M. de Boissat, frère puisné du mareschal de camp [25]. Sa Majesté trouva bon qu'il fut terminé par la Noblesse de Dauphiné qui s'y estoit offerte, laquelle estant assemblée à Grenoble, le 15 de février 1638, quatre cens gentilshommes qui s'y trouvèrent, en nommèrent quatorze pour ouyr les raisons de part et d'autre, et proposer des expédiens d'un accommodement. C'estoient M. le marquis de Bressieu, M. de Sassenage, M. de Chatte,

M. de Montellier, M. de la Charse, M. d'Entremons, M. de Saint-Julin, M. de Paris, M de la Bastie-Monsaléon, M. de la Marcousse, M. de Lestang, M. de Monferrier, M. de Bardonenche et moy [26]. Ces quatorze en choisirent trois d'entre eux, qui furent M. le marquis de Bressieu, M. de Chatte et moy, dont l'advis fut approuvé des quatorze et en suite de toute l'assemblée, tel qu'il est rapporté dans l'Histoire de l'Académie françoise, composée par M. Pelisson, aujourd'huy maistre des requestes. Je suis le seul des quatorze qui soit en vie.

Le 26 de novembre de la mesme année 1638, la Noblesse députa six gentilshommes au Roy pour la deffense de ses intérests contre le tiers estat, trois pour les anciens nobles, qui furent M. le comte de Suze, M. de Paris-Montanegre [27] et moy; et trois pour les nouveaux annoblis, M. de Langes, M. de Revol la Buissière et M. Louvat, de Chirenc. Je désigne le dernier par le lieu de sa demeure, à la différence d'une autre maison de Louvat d'ancienne noblesse. [28]

Je fus aussy l'un de ceux qui furent députés pour rendre les devoirs accoutumés à Monseigneur le Dauphin, le 5 septembre 1638. Mais il arriva qu'en l'assemblée des dix villes et des commis du pays, tenue à Saint-Marcellin, il en fut nommé d'autres des trois Ordres, qui furent appuyés à la Cour de la faveur de M. le duc de Lesdiguières (c'est le nom que prit M. le comte de Sault après la mort de M. le mareschal de Créquy son père), ce qui obligea le Roy d'en choisir quelques-uns de chacune des nominations, du nombre desquels j'eu l'honneur d'estre; et pourtant la députation n'eut point d'effet par l'empeschement qu'y apporta M. de Bullion, surintendant des finances, qui voulut épargner au tiers estat la dépense de la députation et du présent dont il eut esté chargé. Il y eut arrest au conseil, le 6 avril 1639, au rapport de M. Laisné, qui adoucit un peu celluy de 1634. Je puis dire que l'article concernant les veuves des nobles fut un effet de la pressante remonstrance que j'en fis.

Pendant le séjour que je fis à Paris, Sa Majesté aiant créé la Cour des Aydes qui fut établie à Vienne, par édit du mois de janvier 1638; M. le chancellier et M. le surintendant me proposèrent la charge de premier président pour un prix au-dessous de l'évaluation, que je refusay avecque le respect qui leur estoit deu, n'aiant garde de me mettre à la teste d'une compagnie dont l'établissement estoit odieux à toute la province. J'estois destiné à une autre. En effet M. Deageant, mon beau-père, me résigna celle de premier président en la Chambre des comptes, dont Sa Majesté m'accorda sa nomination par brevet donné à Saint-Germain le 2 janvier 1639; en suite de laquelle mes provisions furent expédiées à Grenoble où la Cour estoit le 23 septembre suivant, avecque une grace très particulière; M. le cardinal de Richelieu m'aiant donné des lettres pour les avoir sans finance ni marc d'or, en considération du service que j'avois rendu à Rome et à Venise.

Cella fut cause que je ne me trouvay pas à Lion le 29 octobre de la mesme année 1639, que fut donné le dernier règlement entre les trois Ordres de la province, estant l'un des députés de la Noblesse [29]. Je ne fus pourtant reçeu que le 4 d'aoust 1640, parce que M. Deageant voulut achever ses vint années de service. A la rentrée de la Chambre, au mois de novembre suivant, je voulus introduire une chose que nul de mes devanciers n'avoit pratiquée, qui fut de faire une harangue d'ouverture à l'exemple du Parlement, ce que je continuay durant cinq années; mais comme tous mes amis me représentèrent que j'imposois une sujétion à ma charge qui en diminueroit le prix, je cessay de les faire.

Une personne de qualité me proposa le mariage d'une jeune veuve de Bourgoigne, Elisabeth de Villers la Faye, fille d'Hercules de Villers la Faye, baron de Villeneuve et de Mauvilly, et d'Anne de Chastenay de Lanty, et sœur de M. de Mauvilly, lieutenant de la compagnie de chevaux légers de Monsieur le Prince, et de Cyrus de Villers la Faye, depuis évesque de Périgueux et grand maistre de la chapelle du Roy. M. de Saint-Léger, son premier mary (Erard Bouton, seigneur de Saint-Léger et de Denevy), frère de M. le comte de Chamilly de la maison de Bouton, estoit de ma connoissance. L'an 1635 aiant pris le chemin de Bourgoigne pour aller à Paris, je le rencontray à une journée de Mauvilly, où il me pressa de passer pour me faire voir sa femme qu'il avoit espousée depuis peu. Trois années après, il mourut d'une maladie qu'il avoit apportée de l'armée : tellement que lorsque la proposition de ce mariage me fut faite, l'idée de la personne que j'avois veüe cinq ans auparavant, fut aussy présente à mon esprit que s'il n'y eut eu qu'un jour, sans quoy je ne me fusse jamais disposé d'en aller faire la recherche dans un chasteau de Bourgoigne, à soixante lieües de ma demeure. Elle se ressouvint aussy de m'avoir veu. Les articles aiant été convenus par la négociation qui s'en fit, je l'espousay à Mauvilly, à quatre lieües de Chastillon-sur-Seine, le 27 de décembre 1640.

 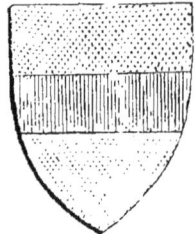

C'est ainsy que la Providence divine que nous appellons Destin conduit les choses à la fin qu'elle se propose. 30

L'année 1642, la Cour estant à Valence, les deux Compagnies souveraines y furent rendre leurs devoirs à Sa Majesté qui m'appelloit toujours son Orateur. Mons. le cardinal de Richelieu me fit des caresses que je ne méritois pas. Il s'enquit de M. l'évesque de Valence de quelle naissance j'estois, et aiant sçeu que j'estois né gentilhomme, il en témoigna de la joye. Le lendemain de son arrivée, il régla deux affaires de cette province dont il m'ordonna de luy donner la connoissance que j'en avois. A son départ, il me commenda de me rendre près de Son Eminence, à son retour à Paris; mais le 4 décembre de la mesme année trencha le fil de sa vie et celluy de mes espérances. M. de Chavigny m'asseura qu'il me destinoit à l'ambassade de Venise. Je le suppliay d'en détourner le dessein, n'ayant pas assez de bien pour en soutenir la dépense. L'année suivante 1643, Sa Majesté désirant d'estre éclaircie des droits et prétentions qu'elle a sur quelques terres, estats et seigneuries usurpées tant de sa couronne que de son pays de Dauphiné, me fit expédier une commission, le 16 du mois de février, pour faire une exacte recherche et perquisition de tous les titres estans dans ses archives en la Chambre des comptes de Dauphiné concernans lesdites prétentions, et du tout donner advis à Mons. le chancellier. La mesme année 1643, Dieu aiant retiré le Roy, toutes les cours souveraines du royaume députèrent les premiers présidens et certain nombre d'autres officiers pour rendre à son successeur heureusement régnant, les devoirs accoutumés pour son avénement à la couronne. Mais il arriva que Louys Frère, premier président au Parlement, estant tombé malade à son arrivée, et décédé peu de jours après, M. le président de la Coste, l'un des députés, se trouva chargé du compliment qu'il fit le   et moy, après luy, pour la Chambre des comptes, et après moy, M. Musy pour la Cour des Aydes.

La charge de premier président estant vacante, chacun a sçeu que la Reine, par le conseil de M. le cardinal Mazarin dont j'avois esté connu à Rome, me faisoit l'honneur de jetter les yeux sur moy, comme il plût à Sa Majesté de le témoigner à M. le duc de Lesdiguières qui employa tous ses soins en ma faveur, aiant obtenu de M. le cardinal l'exclusion de M. de la Coste, qui fut proposé à la Reine par M. d'Hemery, surintendant des finances; mais cette bonne volonté fut sans effet par l'instance que M. le Prince fit à la Reine de transférer à Grenoble M. de la Berchère, premier président au Parlement de Dijon, dont il l'avoit éloigné depuis neuf années ; elle y résista longuement, comme fit aussy M. de la Berchère à qui la proposition en fut faite de la part de Mons. le Prince, qui, ne relâchant point de ses instances, eut enfin le consentement de M. de la Berchère lassé de sa rélégation, et en suite celluy de la Reine qui ne luy voulut pas refuser une grace qu'il poursuivoit avecque tant de chaleur dans un commencement de régence. Ce fut un bonheur au Parlement d'avoir à sa teste un homme du mérite de M. de la Berchère [31], qui eut ses provisions l'an 1644.

Environ ce mesme temps, M. l'abbé du Nozet, auditeur de Rote à Rome, aiant esté nommé à l'évesché de Verdun, M. le cardinal Mazarin me fit proposer par M. de Lyonne si j'agréerois d'estre subrogé en sa place. Je remerciay Son Eminence de l'honneur qu'elle me faisoit de me juger digne d'un employ si considérable, puisque, de douze auditeurs de Rote, qui sont les juges souverains de tout l'Estat ecclésiastique, il n'y en a qu'un de la nomination du Roy; mais sur ce que je représentay qu'il n'y avoit point d'exemple qu'un homme marié comme moy y eut jamais esté nommé, la chose en demeura là.

La mesme année 1644, M. de Mauvilly, mon beau-frère, fut tué au siége de Fribourg après s'estre acquis tant d'estime en tous ses employs que le bruit commun, premier juge de la fortune des hommes, luy destinoit une charge de mareschal de France. J'avoue que cette perte me fut très sensible, qui fut suivie l'an 1645 de celle de M. Deageant, père de ma première femme, à Saint-Antoine où il estoit allé prendre les eaux d'une fontaine minérale. La nuit de son décez, la ville de Saint-Marcellin, qui estoit le lieu de sa naissance, fut veüe toute en feu, les habitans courans par les rues sans pouvoir découvrir d'où venoit la flamme, ny qu'elle eu laissé aucune marque. L'Histoire du connestable de Lesdiguières remarque que le bourg de Saint-Bonnet-en-Champsaur, où sa mère s'accoucha, fut entièrement brulé le jour de sa naissance et celluy de sa mort.

Je perdis aussy l'année suivante 1645, M. de Villeneuve, père de ma seconde femme, qui fut extrêmement regreté de toute la Bourgogne, comme estant celluy dont les advis très judicieux faisoient les délibérations qui se prenoient dans les Estats.

L'année 1647, la Reine m'accorda deux mille livres de pension sur les lods et autres parties casuelles par lettres patentes du 27 février, outre les douze cens livres dont mes devanciers avoient joüy. L'an 1649, je passay quatre mois à Vienne où j'estois le chef des commissaires, députés par le Roy pour la vente de son domaine, dont le bureau y fut transféré par ordre de Sa Majesté.

L'an 1650, les troubles qui passèrent jusques au

sanctuaire de la Justice faillirent à ruiner l'Estat. Le Dauphiné fut presque la seule province du royaume qui demeura tranquille, par la prudence et la fidélité de M. le duc de Lesdiguières, qui a toujours esté fort zélé pour le service du Roy, pour lequel je contribuay ce qui dépendoit de la sphère de mon activité, dont M. Le Tellier, secrétaire d'Estat, me témoigna de la reconnoissance par les lettres qu'il me fit l'honneur de m'escrire. Le jour que la Fronde du Parlement de Paris obligea le Roy d'en sortir a depuis couté si cher à tous les officiers des Cours souveraines du royaume, qu'on luy peut appliquer ces vers du poëte Stace, que M. de Thou, premier président au mesme Parlement, appliquoit au massacre de la Saint-Barthelemy, comme dit son fils dans son Histoire, livre LII :

> Excidat illa dies ævo, nec postera credant
> Secula! nos certe taceamus, et obruta multa
> Nocte tegi propriæ patiamur crimina gentis.

La mesme année M. le président du Bouchage, Pierre de Gratet [32], homme d'un rare mérite et mon parfait amy, mourut d'une maladie populaire, qu'on baptisa du nom de la Fronde, soit parce qu'elle fut l'année de la Fronde, soit à cause qu'elle frondoit bien du monde. Le Parlement fut sensiblement touché de cette perte aussy bien que ses amis.

Le 7 de septembre 1651, je mariay Christine, ma fille du premier lit, avecque Charles de Sassenage fils aisné d'Alfonse de Sassenage, second baron de Dauphiné, marquis du Pont-en-Royans, seigneur d'Iseron et de Montelliez, descendu de Henry de Sassenage, gouverneur de Dauphiné, qui fut tué à la journée de Verneuil, à la teste de l'arrièreban qu'il commandoit. C'est une maison qui n'est pas moins illustre par les grands hommes qu'elle a donnés à l'Estat, que par l'avantage qu'elle a de tirer son origine de Souverains. La proximité d'alliance que j'ay avecque luy ne me permet pas de parler de l'estime qu'il s'est acquise en divers employs qu'il a eus pour le service du Roy.

Le 5me jour du mois de juin 1653, j'obtins un arrest du Conseil, portant que je serois payé des gages de conseiller d'Estat qui m'estoient deus dez l'année 1647 jusques en la dite année 1653, montans, dix mille cinq cens livres, sur les deniers de la recepte générale des finances de Dauphiné.

Le 28 d'aoust de la mesme année 1653, me fut très funeste par la perte que je fis de Charlote d'Arces ma mère, qui mourut à Vourey, agée de soixante-dix-neuf ans, avecque toutes ses dens, la mesme mémoire et le mesme sens qu'elle avoit eu dans la vigueur de son âge.

Sur la fin de 1654, je fus à Paris et au Maine pour recueillir, au nom de ma fille, la succession qui lui estoit escheüe et à Catherine Deageant sa tante, femme d'Estienne Roux, seigneur de Morges, conseiller du Roy au Parlement, par le décez de François Deageant, baron de Viré. Pendant le séjour que je fis à Paris, M. Le Tellier me fit expédier une commission pour assister à l'examen des comptes de l'Estape avec M. le duc de Lesdiguières et M. l'intendant, et deux trésoriers de France : ce qu'aucun de mes devanciers n'avoit peu obtenir. Elle est du dixième de may 1655. Le dernier jour du mois de mars de la mesme année, j'avois fait donner un arrest au Conseil par lequel il fut ordonné que je serois payé de la somme de quinze cens livres pour trois quartiers de mes gages de conseiller d'Estat par chacune année, sur les debets des restes des comptes des receveurs de la province, sur la quittance que je leur en délivrerois.

L'année 1656, la reine de Suède, venant de Rome et passant en Dauphiné pour aller voir la cour de France, le Parlement et la Chambre des comptes eurent ordre du Roy de luy aller rendre à Valence les mesmes devoirs que l'on auroit rendus à la personne mesme de Sa Majesté. Ce fut au mois d'aoust que les complimens lui furent faits par la bouche des premiers présidens des deux Compagnies.

Je fus le seul de tous les députés qui eu l'honneur de la saluer en particulier par le commandement qui m'en fut fait de sa part. Elle eut la bonté de me retenir l'espace d'une petite heure, pendant laquelle je fus dans le dernier estonnement de voir qu'une princesse du Septentrion parla nostre langue avec la mesme facilité, le mesme accent et la mesme pureté que si elle eut été nourrie à la cour de France. Je pris la liberté de luy témoigner mon admiration de ce qu'aiant la connoissance de plusieurs autres langues, elle ne mesloit point de mot étranger parmy la nostre. Elle m'avoua que cinq ou six autres lui estoient également familières, mais que l'espagnole estoit celle qui luy faisoit plus de peine, quoyqu'à nostre égard elle soit aussy facile que l'italienne. Son entretien fut de plusieurs choses, et entr'autres sur ce que je luy dis qu'Annibal, menant son armée en Italie, avoit remonté le Rhône, sur lequel Valence estoit située, elle parla de tout le voyage d'Annibal et de ses grandes qualités avec autant de particularité que si elle en eut leu l'histoire le mesme jour.

L'année 1658, la Cour estant à Lion, les deux Compagnies souveraines de Grenoble rendirent par députés leurs très humbles devoirs à leurs Majestés, la parole estant portée par M. de la Berchère et par moy. Nous complimentames aussy M. le cardinal Mazarin, lequel, après sa responce, me demanda mon âge et me parla de l'action que j'avois faite à Rome. Je répartis que j'avois encore assez de vigueur pour y retourner et rendre à sa personne ce que j'avois fait à celle d'Urbain VIII. Luy ny moy ne croyions pas que peu d'années après deussent terminer sa vie.

Depuis ce temps-là rien de considérable ne m'est arrivé * jusques à l'édit de Sa Majesté du mois de décembre 1665, par lequel les charges des officiers des Cours souveraines ont esté fixées à certain prix, la préférence réservée à Sa Majesté pour en gratifier qui bon luy semblera, l'âge des présidens réglé à quarante ans, celluy des maistres des requêtes à trente-sept, des conseillers et maistres des comptes à vingt-sept, de gens du Roy à trente.

Cet édit ayant fixé le prix de ma charge beaucoup au-dessous de sa valeur, je me donnay l'honneur d'en escrire à M. Colbert, qui, par beaucoup

---

* M. de Boissieu avait eu, dans cet intervalle, l'occasion de faire un voyage en Bourgogne, comme il résulte de la note suivante apposée sur la dernière page de son registre : « L'an 1662 j'ay apporté de Mauvilly en Bourgogne le bois d'un animal que personne n'a sceu connoître. Mons. le Maréchal de Grancé, qui a esté grand chasseur, croyoit que c'est d'un Rancher ; mais la figure que les livres nous représentent du bois d'un Rancher a peu de rapport avec celluy-cy, que j'ay fait mettre dans ma sale, à Vourey. J'estime que c'est le bois d'un Rene, animal frequent en Finlandie. »

de lettres, m'avoit fait espérer sa protection dans ces rencontres. Il eut la bonté de me faire une réponce la plus obligente que j'eusse peu souhaiter, laquelle portoit qu'il m'avoit souvent asseuré que rien ne lui paroitroit difficile lorsqu'il s'agiroit de ma satisfaction, qu'il estoit ravy de trouver une occasion de m'en donner des preuves, que je luy renvoyasse l'original de l'édit qui avoit esté adressé à nostre compagnie avec un mémoire contenant les raisons qui pouvoient faire démouvoir le Roy de sa première résolution, qu'il en feroit très volontiers le rapport à Sa Majesté, qu'il appuyeroit autant que son crédit se pourroit étendre. Je satisfis à l'instant au contenu de cette lettre et pris la liberté d'en faire mes très humbles remontrances au Roy par une lettre que j'adressay à M. Colbert, qui, du lendemain de ma despesche, en fit le rapport à Sa Majesté, laquelle trouva bon que l'édit fut réformé à mon égard, et que le prix de ma charge fut augmenté de dix mil écus. Par l'ordinaire suivant, M. Colbert me renvoya l'édit en bonne forme, m'asseurant que j'estois le seul du royaume à qui le Roy eut départy cette grace qui seroit sans conséquence. Messieurs de nostre Compagnie en ont eu toute la joye possible, et mes amis ont jugé que je devois estre plus satisfait que l'édit eut esté réformé en ma faveur après avoir esté régistré, que si ma charge eut esté fixée à plus haut prix par la première adresse qui en fut faite.

La mort de M. Roux mon beau-frère, arrivée le 25 de novembre 1667, me fut très sensible. On remarquoit en luy deux talens qui se rencontrent rarement en une mesme personne, de bien parler et de bien escrire, mais on estimoit surtout sa piété exemplaire qui depuis ses jeunes années a toujours esté d'une mesme teneur.

Cette mort fut suivie bientôt après de celle de Christine ma fille, marquise de Sassenage. Ce fut à Grenoble le 24 de janvier 1668. La plume me tombe de la main quand j'en fais la remarque. Il me doit suffire de dire qu'elle estoit unique. Sa douceur et sa bonté sans pareille l'ont fait infiniment regreter de tous ceux qui la connoissoient, et particulièrement dans ses terres. Elle a laissé un fils et cinq filles dont les deux aisnées sont religieuses dans le couvent de Soyon à Valence, la quatrième mourut agée de ; je ne sçay pas quelle sera la destinée des deux autres dont les belles qualités répondent à leur naissance. Le fils donne toute l'espérance qu'on peut souhaiter de luy dans l'âge qu'il a. [33]

Le 21 de mars de la mesme année 1668, je traitay de ma charge de premier président en la Chambre des comptes avecque Pierre de Musy, président au Parlement de Metz et auparavant premier président en la Cour des Aydes de Vienne. Je me réservay huit années d'exercice ; mais le 12 décembre 1669,

M. de Musy, peu d'heures avant sa mort, arrivée le mesme jour, aiant mis en son lieu et place pour la mesme charge, Abel de Sautereau, conseiller au Parlement et mon parent, je retranchay deux années du temps que j'avois réservé.

Le 13 décembre de la mesme année 1669, François de Ponnat, doyen du Parlement, homme de grand sçavoir et de grande intégrité et mon ancien amy, mourut de mort subite, mais non pas imprévéüe, n'estant point de semaine qu'il ne pratiqua le sacrement qui fait nostre principal différent avecque les calvinistes. Je n'ay connu personne de sa profession dont la piété fut plus sincère et sans scrupule que la sienne. La douleur que j'eu de sa mort fut telle que je n'eu pas la force d'accompagner son corps à la sépulture, estant le dernier de ceux avec qui j'avois fait une amitié fraternelle dez nostre jeunesse.

Les années 1670, 1671 et 1672 se sont passées sans aucun accident qui mérite d'estre remarqué; mais l'année 1673 la fortune m'a fait connoitre ce qu'elle est par le mélange qu'elle y a fait d'une extrême joye et d'une extrême douleur. La joye a esté au mariage de la niepce de ma femme, Anne de Messey, avecque M. de Lestang, qui s'est fait à Vourey le 12 du mois de juin, où je n'ay rien épargné qui peut témoigner ma satisfaction, n'aymant pas moins cette niepce qui a esté élevée près de nous depuis l'âge de cinq ans, que si elle estoit ma propre fille. Peu de temps après la nópce elle prit la petite vérole qui luy fut très favorable, mais elle a esté fatale à sa tante qui, aiant exposé sa vie à l'âge de soixante-deux ans pour conserver celle de sa niepce, prit le mesme mal dont elle mourut le septième jour du mois de septembre dans le chasteau de Vinay. Quel rude coup pour moy qui me voy privé dans l'âge où je suis d'une personne d'un rare mérite qui me soulageoit de tous les soins dont l'esprit non commun d'une femme est capable! Ses bonnes qualités ont fait avouer à tous ceux qui l'ont connue que c'estoit une personne illustre.

Le 12 du mois d'aoust de l'année 1674, je fis mon adieu à la Chambre des comptes, consentant suivant la coutume que Monsieur de Sautereau fut receu à la charge que je quittois: le mesme jour la Compagnie me fit l'honneur de me députer Mons. le président de la Porte accompagné de deux de Messieurs les maistres et de Mons. l'advocat général pour me témoigner le déplaisir qu'elle avoit de ma retraite, et la satisfaction qui luy demeuroit de m'avoir eu à sa teste l'espace de trente-quatre ans, pendant lesquels j'avois si bien ménagé ses intérests près de Messieurs les Surintendans qu'aucune crue d'officiers n'y fut faite comme il estoit arrivé à toutes les autres Chambres des comptes du royaume, ajoutant que j'avois toujours maintenu une parfaite union et correspondance entr'elle et le Parlement. Monsieur Le Tellier et Monsieur Colbert eurent aussy la bonté de me témoigner, par les lettres que l'un et l'autre me firent l'honneur de m'escrire, que Sa Majesté auroit bien souhaité que j'eusse continué d'exercer ma charge; et le premier me fit expédier des lettres de réserve d'honneur, données à   le   qui furent régistrées avant ma sortie.

L'année suivante 1675, M. de la Berchère aiant supplié le Roy d'agréer qu'il se démit de sa charge de premier Président au Parlement, je fus extraordinairement sollicité de M. le duc de Lesdiguières d'y penser : Messieurs du Parlement me faisoient connoître qu'ils le souhaitoient; les principaux de la Noblesse qui venoient à Grenoble, m'en pressoient; les advocats m'en faisoient des instances; mes amis particuliers employoient tout le crédit qu'ils avoient sur moy pour m'y porter, et tous me représentoient que ce seroit un beau couchant de ma vie qui seroit couronnée de la gloire que j'aurois de l'avoir finie dans la première charge de la robe de ma province. M. le duc de Lesdiguières me fit voir une lettre de M. le maréchal de Villeroy qui lui marquoit le désir que M. Le Tellier avoit que j'en eusse la pensée, et qu'en ce cas, il se chargeroit volontiers d'en demander l'agrément au Roy, et de proposer à Sa Majesté qu'il luy pleut de m'accorder un brevet de retenue de pareille somme que celle qu'il faudroit donner à M. de la Berchère, qui est de quarante mille escus.

C'est à mon seul bonheur que j'attribue tout cella, reconnoissant, comme je fais, que de tous ceux qui prétendent à cette charge, il n'en est point qui la mérite moins que moy. Quoyqu'il en soit, je ne me suis pas laissé entêter de cette ambition; si j'avois eu dix années de moins, j'aurois eu d'autres sentimens. Je sçay bien que beaucoup de personnes ont condamné ma résistance; mais, en l'âge où je suis, devois-je me résoudre à faire un voyage à la Cour pour demander au Roy son agrément, et ensuite prêter serment de fidélité; devois-je hazarder quarante mille escus sur un brevet qui a si peu de seureté pour n'exercer la charge que peu d'années? Qui auroit voulu rembourser mes héritiers sans un pareil brevet; et peut-on croire que le Roy voulut toujours assujétir la charge à des brevets qui ne sont deus qu'à de grands et à de longs services?

L'année 1676 a esté funeste à cette province par la maladie de M. de Lesdiguières, qui mit fin à sa vie au commencement de l'autre. J'avois passé l'automne à la campagne où l'on me donna avis que sa santé n'estoit pas si bonne que de coutume, ce qui m'obligea d'aller à Grenoble le 8 de décembre. Je le trouvay seul dans son cabinet, vêtu avec sa propreté ordinaire. Il me dit qu'on vouloit luy faire peur d'un peu d'indisposition, mais que cella n'estoit rien; il m'arresta pres de deux heures, pendant lesquelles il se promena presque toujours, m'entretenant de diverses choses. Le lendemain, sur les deux heures après midy, l'on me vint avertir qu'il estoit si mal qu'on ne croyoit pas qu'il deut passer la nuit, et qu'on luy avoit porté le Saint-Viatique. Il est aisé de juger quel fut mon étonnement. M'estant rendu chez luy, je vis toute la maison en pleurs. M. le cardinal de Rets, qui à son retour de Rome avoit passé à Grenoble pour voir Madame la duchesse de Sault, sa niepce, me dit le mauvais estat où je trouverois celluy qui le jour précédent avoit dîné en public. Luy et Madame sa niepce me pressèrent de l'aller voir, ce que je fis avec bien de la résistance, crainte de le troubler par mes larmes qu'il me seroit impossible de retenir.

Il estoit assis sur un fauteuil près d'une table, vêtu comme à l'ordinaire; dès qu'il m'eut apperçeu il se leva pour me saluer, et m'aiant fait asseoir auprès de luy, il me dit d'une voix foible et tremblante, à cause d'une grande oppression dont il estoit travaillé, qu'il venoit de remettre son âme entre les mains de son confesseur qui estoit présent, et son corps entre celles des médecins; qu'il reconnoissoit la grace que Dieu luy faisoit de luy donner le loisir de se mettre en estat de paroitre devant luy; qu'il avoit fait son testament quelques années auparavant, duquel il m'avoit fait exécuteur; qu'il ne luy restoit qu'à faire un codicille pour récompenser ses nouveaux domestiques, que je perdois en sa personne le meilleur amy que j'eusse au monde; et m'aiant fait approcher, il me dit tout bas quelque chose qu'il ne vouloit pas estre entendu de ceux qui estoient présens, qui fondoient en larmes, sans qu'il parut estre aucunement touché des approches de la mort. Je me tenay le visage mouillé, et à peine luy peu-je dire que les vœux de tant de familles nécessiteuses qu'il faisoit subsister par ses charités, me faisoient espérer que Dieu le conserveroit encore quelques années... J'ajoutay que M. le Cardinal m'avoit ordonné de luy demander s'il auroit agréable qu'il le vit, et sur la réponce qu'il me fit que ce luy seroit beaucoup d'honneur, je le fis savoir à M. le Cardinal, qui vint en mesme temps, et ne luy dit autre chose, sinon que la vie n'estoit rien, et, après s'estre embrassés tous deux comme d'un dernier adieu, luy et moy nous retirâmes.

Sur la nuit, le poux de M. le duc de Lesdiguières s'estant trouvé meilleur qu'il n'avoit esté le jour, donna quelque espérance aux médecins qui s'y trompent presque toujours. Cependant, M. le duc de Sault arriva de la cour. Jamais fils ne s'est mieux acquitté que luy des devoirs à quoy la nature l'oblige envers un père. Pendant le temps de la maladie qui a esté d'environ trois semaines, il a passé les nuits entières dans le cabinet près de la chambre de Monsieur son père, dormant fort peu sur un fauteuil. J'estois le seul de dehors qui avois l'honneur de voir le malade et de l'entretenir aux heures qu'il ne donnoit pas au repos ou aux remèdes. Enfin son confesseur et les médecins l'aiant averty qu'il luy restoit peu de temps à vivre, il en reçeut l'avis avec une résolution héroïque et parfaitement chrestienne, sans donner rien à la foiblesse humaine. M. le duc de Sault et Madame la duchesse s'estans présentés à genoux devant luy pour avoir sa bénédiction, il la leur donna avec une présence d'esprit incroyable. Il dit à M. son fils qu'il n'eut jamais d'autres sentimens pour la Religion que ceux de l'Eglise catholique, apostolique et romaine, qu'il ne se départit jamais du service du Roy; et s'adressant à tous deux, il leur recommanda l'union et l'amitié réciproque. Ce qu'il dit de la Religion a fait juger qu'il rejetoit la doctrine des Jansénistes pour laquelle je sçay qu'il avoit toujours eu de l'aversion. C'estoit le trentième du mois de décembre; le lendemain, il s'affoiblissoit toujours sans perdre le jugement. Enfin, sur les deux heures du premier jour de l'an qui estoit le jour de la naissance de M. son fils, il passa doucement de cette vie à l'autre, comme son aumosnier estoit sur le point de dire la messe dans sa chambre.

M. l'évesque de Grenoble et moy portasmes cette triste nouvelle à M. le duc de Sault et à Madame la duchesse. Son corps aiant esté embaumé fut porté au tombeau de sa maison, dans la chapelle du chasteau de Lesdiguières. Son testament fut ouvert, dans lequel il m'a fait l'honneur de me qualifier son particulier amy. Les legs pieux qu'il a faits, soit aux églises et aux hospitaux de Paris et de Grenoble, soit à ses domestiques, ne sont pas moindres de cent mille livres. L'on a sceu après sa mort qu'il nourrissoit à Grenoble plus de cent familles honteuses. Sa vie a esté de soixante-dix-huit ans, deux mois, quatorze jours, estant né le jour de saint Luc, 18 du mois d'octobre 1598.

Il portoit le nom de François que le connestable de Lesdiguières, son ayeul maternel, luy avoit donné. Son courage parut au Pas de Suze qu'il força l'an 1629 à la teste de son régiment, qui porte encore aujourd'hui le nom de Sault, et à la veüe du Roy, qui eut ainsy le passage libre pour le secours de Casal. Sa conduite en toutes ses actions a esté telle qu'après avoir esté maistre de camp du régiment des gardes, premier gentilhomme de la chambre, lieutenant de roy en Dauphiné, il a eu le gouvernement de la mesme province après le décez de Louys de Bourbon comte de Soissons. Elle a esté telle qu'il a obtenu de Sa Majesté le mesme gouvernement en survivance et en absence pour Monsieur le duc de Sault, et la lieutenance de roy pour Monsieur le marquis de Ragny son second fils, à quoy je dois ajouter qu'il a négotié de son cabinet le mariage du premier avec Mademoiselle de Retz, qui estoit le plus grand party de France. Monsieur le comte de Sault son fils, à présent duc de Lesdiguières, m'honore de la mesme confiance que faisoit feu Monsieur son père.

Le mois d'octobre de la mesme année 1677 aiant rendu vacante la première charge de la couronne par la mort de M. d'Aligre, chancellier de France, à l'âge de quatre-vingt-cinq ans, elle a esté en mesme temps remplie de la personne de M. Le Tellier, comme estant l'homme du royaume qui la mérite le mieux, tant par sa grande capacité que par les signalés services qu'il a rendus au Roy et à l'Estat en divers employs et dans les temps les plus difficiles. J'hésitay quelque temps si j'oserois lui rendre mes devoirs en cette occasion ; mais aiant considéré qu'il avoit toujours reçu mes lettres avecque beaucoup de bonté, et qu'en toutes rencontres il m'avoit honoré de sa protection, j'ay pris la liberté de luy témoigner que je mettois ma joye particulière avecque celle de toute la France, et la réponce qu'il luy a pleu de me faire est si honneste et si obligeante qu'il en a usé dans la forme et dans les termes de la mesme sorte qu'il a fait avecque les premiers présidens des Parlemens. Celuy de Paris a regreté, le mois de décembre suivant, la perte d'un si digne chef qu'estoit M. de Lamoignon, et en mon particulier j'en ay esté fort touché pour l'amitié dont il m'honoroit dez le temps qu'il estoit maitre des Requestes.

Il ne s'est rien passé de remarquable à mon égard l'année 1678, mais il n'en a pas esté de mesme la suivante 1679 : qu'une grande joye a esté suivie de la plus grande affliction qui me pouvoit arriver. Le sujet de la joye a esté le mariage de Catherine-Thérèse de Sassenage, ma petite-fille, avec François de Maugiron, comte de Monléans [34], arrière fils de Laurent de Maugiron, lieutenant de roy en Dauphiné, qui s'est fait à Valence le vint-septième du mois d'aoust, où M. le marquis de Sassenage fit paroitre la grande satisfaction qu'il en avoit par la dépense qu'il fit jusques au vint-unième de septembre, qu'estant allé à Montelliez, il y fut surpris d'une fièvre continue qui finit sa vie le vint-cinquième suivant, après qu'il eut reçu tous les sacremens de l'Eglise nécessaires en cet estat, où il a témoigné tant de fermeté d'esprit et de résignation à la volonté de Dieu, que sa mort est l'admiration de toute la province. Il avoit mis dez longtemps entre les mains d'un bourgeois de Valence six cens loüys d'or où il ne touchoit jamais, pour les avoir destinés à estre distribués à des œuvres pieuses incontinent après son décez. Depuis lequel on a sceu qu'il faisoit toutes les années des charités secrètes de plus de cinq cens escus à de pauvres gentilshommes pour élever leur famille ou pour se mettre en estat de servir le Roy. Son mérite a esté si connu qu'il n'est pas nécessaire que j'en fasse aucune remarque. Il me suffira de dire qu'il n'est point de gentilhomme en Dauphiné, qui par sa manière de vie ait fait plus d'honneur que luy à la Noblesse. M. l'abbé de Bressac [35], dont l'éloquence est connue, a fait l'oraison funèbre au service qui s'est fait dans l'église cathédrale de Valence, le vint-cinquième d'octobre. La perte que j'ay faite d'un gendre qui me tenoit lieu de fils, tant j'avois d'estime et de tendresse pour luy, m'entre si avant dans l'ame que rien ne me pouvoit estre si sensible.

APPENDICE.

PIÈCES RELATIVES
A LA MISSION DE M. DE BOISSIEU A ROME.

A nostre Amé et Féal le sieur de Boissieu, nostre conseiller, viballif de Viennois, et lieutenant général civil et criminel au siége présidial de Gresivodan.

DE PAR LE ROY.

Nostre Amé et Féal, sur les bons tesmoignages qui nous ont esté donnez de vostre doctrine, suffisance et capacité, comme aussi de vostre naissance et condition, et de l'affection que vous avez à nostre service, nous vous avons choisi pour faire devant nostre S. Père le Pape l'oraison accoustumée sur le sujet de la protestation d'obédience, laquelle nous envoyons faire à Sa Saincteté en nostre nom par nostre très cher et bien amé cousin le duc de Créqui, qui s'en va à cet effet nostre ambassadeur extraordinaire à Rome; vous aurez donc à vous préparer pour faire ladite oraison, de laquelle nous ne doutons point que vous ne vous acquitiez dignement. Donné à Moulins, le vingt-neuvième jour d'aoust 1632. Louis. Bouthillier.

Mémoire addressé à M. Bouthillier, secrétaire d'Estat, par le sieur de Boissieu, orateur du Roy vers Sa Saincteté, sur le sujet de la harangue de l'obédience.

Ledit sieur de Boissieu ayant communiqué sa harangue au sieur Errera, secrétaire des Brefs, et au maistre du Sacré-Palais, de la part desquels il en avoit esté requis à son arrivée, comme il se pratique en pareilles occasions, on luy a fait les difficultez suivantes, tant sur le sujet de la harangue que de la response qui luy devoit estre faite par ledit sieur Errera au nom de Sa Saincteté.

Quant à la harangue, on a désiré qu'il en retrancha quelques endroits et qu'il en adjouta d'autres.

Premièrement, où ledit sieur de Boissieu parlant de la primogéniture du Roy en l'Eglise, a usé de ces termes : *Principem inter Ecclesiæ filios, nemine dissentiente, locum obtinet.* Et de ceux-cy : *Eumque totius orbis christiani consensu natu maximum.* On luy a voulu soutenir que cette primogéniture en l'Eglise n'appartient pas au Roy préférablement à l'empereur qui a la presséance sur tous les princes chrestiens, et que, par conséquent, il falloit oster ces mots : *nemine dissentiente,* et adjouster ceux-cy en l'un et en l'autre endroit, *inter Reges,* pour ne toucher pas au droit de l'empereur.

En second lieu, on a voulu que ledit sieur de Boissieu retrancha toute la période qui regarde le succez des armes du Roy en Italie, et particulièrement l'endroit où Sa Majesté est qualifiée libératrice de l'Italie.

En troisiesme lieu, s'estant rencontré qu'il a fait mention des roys de France qui sont reconnus pour saincts, on n'a pas voulu que Charlemagne y fut compris, à cause qu'il a esté canonisé par un antipape.

Finalement, on a fait grande instance qu'en formule de l'obédience on adjousta les mesmes soumissions qui furent faites par le cardinal d'Alby prestant l'obédience pour le roy Louys XI au pape Pie II, et en dernier lieu par Maurice Bressieu, orateur du roy Henry IV vers Clément VIII.

A quoy ledit sieur de Boissieu a respondu que

c'est une chose inouye de mettre en difficulté la primogéniture du Roy en l'Eglise, que ses prédécesseurs luy ont acquise préférablement à tous les princes chrestiens, avant mesmes qu'il y eut des empereurs en Allemagne, par leurs bien-faits envers le Sainct-Siége, de la protection duquel ils ne se sont jamais départis, comme ont fait les empereurs: et que lors qu'on les a qualifiez fils aisnez de l'Eglise on n'y a jamais apporté de limitation, ny eu la pensée de réserver l'empereur. Ce que ledit sieur de Boissieu a justifié par les titres fondamentaux de cette qualité, et par le tesmoignage des meilleurs autheurs de l'Italie et de l'Allemagne mesme: ne pouvant estre raisonnablement objecté la presséance prétendüe par l'empereur dont nos roys ne conviennent pas à qui l'empereur doit son fondement. Que pour ce qui regarde l'Italie, ce seroit trahir la gloire du Roy de taire les belles actions qu'il y a faites, et que l'on ne put pas désadvouer que le salut de l'Italie dépendant comme il faisoit alors de la conservation des estats du duc de Mantoue, le titre de Libérateur n'en soit deu à Sá Majesté.

Sur le sujet de Charlemagne, qu'encore que sa canonization ait esté faite à Aix-la-Chappelle par le pape Pascal, qui n'estoit pas légitime, à l'instance de l'empereur Fréderic Ier, l'an 1166, si est-ce que n'ayant pas esté rétractée par les vrays successeurs de sainct Pierre durant plusieurs siècles, cet empereur a esté reconnu pour sainct, non seulement en Allemagne et en France où il a des autels et un office particulier, comme à Aix-la-Chappelle et dans l'église des Mathurins à Paris, où sa feste, qui estoit double dans l'ancien Missel, se fait solemnellement le 28 de janvier, qui est férié dans la pluspart des parlemens de France; mais encore il est honoré publiquement dans l'église de Sainct-Anthoine à Rome, où l'on voit sur le grand autel un tableau de Clovis, de Charlemagne et de sainct Louis avecque le rayon et le titre de sainct. Qu'il y a des conciles qui luy donnent des éloges équipolans à celuy de sainct, et qu'outre plusieurs autheurs de grand nom *, trois cardinaux illustres, Hostiensis, Baronius et Bellarmin, advouent que sa canonization est reçeüe de l'Eglise. Néantmoins que, pour la satisfaction du Pape, ledit sieur de Boissieu useroit de ces termes, *sanctitatis laudem consecutus*, qui sont neutres, pour marquer la saincteté de Charlemagne, sans induire pourtant sa canonization, de quoy le Pape s'est contenté.

Quant aux sousmissions prétendues, qu'elles estoient sans fondement, puisque l'action de l'obédience est plustost d'humilité chrestienne et de

---

* Card. Hostiensis, *in* C.]. *de Reliquiis et venerat. Sanct.* Baronius, ad annum 814, n. 63. Bellarminus, *lib. de Cultu Sanctor.*

déférence filiale que d'obligation et de devoir, pour en induire aucune dépendance temporelle de la Couronne, comme il se justifie par les lettres du roy Philippe-le-Bel au pape Benoist XI, quand il luy envoya le sire de Mercueil, avec Guillaume du Plessis et Pierre de Belleperche pour le mesme sujet, suivant quoy les actes de l'obédience prestée par le roy Charles VII à Martin V l'an 1428, par le mesme roy à Pie II, par le roy Charles VIII l'an 1484, et par le roy François Ier à Clément VII le 13 octobre 1533, ne qualifient cette obédience que filiale. Ce qui a fait dire à Pie II, sous le nom de Gobelin, dans le troisiesme livre de son Histoire, que l'obédience qui luy fut faite par le roy Charles VIII [*], fut appellée filiale pour exclure la servile.

De sorte que les termes extraordinaires, dont s'estoit servy le cardinal d'Alby, furent improuvez par la cour de Parlement de Paris, qui en fit des remonstrances au Roy, et depuis encore par les Estats-Généraux assemblez à Tours l'an 1483, sous le règne de Charles VIII, où il fut dit que le cardinal d'Alby avoit fait une grande playe à l'Estat par une sousmission nouvelle qu'il fit, suivant la lettre du roy Louis XI au pape Pie II, qui se trouve parmy celles du mesme pape, livre I, épist. 308, la-

---

[*] *Filialem illam appellavit, ut servilem excluderet.*

quelle avoit esté faite par mauvaise suggestion. Et néantmoins quelques Italiens en ont voulu tirer de l'advantage en faisant passer les termes du cardinal d'Alby pour une prestation d'hommage et une dépendance temporelle de la Couronne, contre les décrets des anciens papes, et entr'autres d'Innocent III, qui ont déclaré en termes exprez que le Roy de France ne relève de personne pour le temporel. Il est vray que François de Luxembourg, duc de Piney, prestant l'obédience au pape Clément VIII pour le roy Henry IV, l'an 1597, quelque temps après la conversion de Sa Majesté, Maurice de Bressieu adjousta ces mots à la formule ordinaire : *Tibi gentes quibus præest, tibi suas provincias, tibi sua regna sacrat.* Ce qu'il n'avoit pas fait, l'an 1586, en la prestation du mesme François de Luxembourg, au nom du roy Henry III, non plus qu'il ne le fit pas depuis en l'année 1608 que le duc de Nevers fit l'obédience au pape Paul V pour le roy Henry IV; mais que le sens de ces mots estoit de recommander au Pape et au Sainct-Siége les estats de Sa Majesté par une dédicace pieuse, et non d'en sousmettre le temporel. Néantmoins ledit sieur de Boissieu ne s'est pas voulu relascher aux mesmes termes, puisqu'on en prétendoit quelque advantage, ayant soustenu que Sa Saincteté se devoit contenter de ceux-cy : *Copiasque suas omnes ad Sanctissimæ Sedis apostolicæ defensionem promptas et paratas semper fore lubens pollicetur.*

Enfin, après une contestation de quelques jours, et trois conférences dudit sieur de Boissieu avecque M. le cardinal Barberin, et une particulière avecque Sa Saincteté mesme, comme les difficultez estoient sans fondement, aussi ont-elles esté sans effet, quelque résistance qu'y ayent apportée les ministres de l'empereur et du roy d'Espagne, et la harangue de l'obédience a esté prononcée par ledit sieur de Boissieu aux termes qu'elle a esté veue et approuvée par Monseigneur le cardinal de Richelieu.

Pour ce qui regarde la response qui devoit estre faite au nom du Pape par ledit sieur Errera, l'on en a refusé quelque temps la veüe audit sieur de Boissieu, à qui enfin elle a esté communiquée sur ce qu'il a représenté que la mesme coutume qui a introduit que la harangue de l'obédience doit estre monstrée aux officiers du Pape, veut aussi que la response soit veüe de l'orateur du Roy; qu'autrement il pourroit arriver que si elle contenoit des termes préjudiciables à la dignité et aux intérests de Sa Majesté, l'orateur seroit obligé de répliquer sur le champ et de faire des protestations contraires, ce qui seroit moins une action d'humilité que de trouble.

Ladite response a esté pleine de tesmoignage d'estime et d'affection paternelle envers le Roy; mais sur la remarque faite par ledit sieur de

Boissieu, que l'acceptation de l'obédience contenoit cette clause à l'esgard de la Navarre, que c'estoit *sine præjudicio cujusquam et præsertim Regis Catholici,* M. le duc de Créqui luy a fait voir ses instructions là-dessus, et l'a envoyé vers M. le cardinal Barberin pour essayer d'obtenir du Pape que cette clause fut ostée, ou du moins qu'elle fut conceüe en termes moins partiaux pour l'Espagne, qu'il devoit suffire en tous cas d'y mettre la première partie, *sine præjudicio cujusquam*, sans faire mention expresse du roy d'Espagne; et qu'on ne devoit pas tirer à conséquence quelques actions précédentes d'obédience, où l'on avoit dissimulé cette clause pour des considérations de ce temps-là qui cessoient à présent. Mais comme ledit sieur de Boissieu a reconnu, aux conférences qu'il a eües sur ce sujet avecque Monseigneur le cardinal Barberin, que Sa Saincteté n'y consentiroit pas, crainte d'offenser le roy d'Espagne par l'omission d'une clause depuis l'invasion de la Navarre, il a esté jugé à propos d'en cesser la poursuite, de peur que n'y réussissant pas, comme il seroit arrivé sans doute, les Espagnols eussent tiré de l'advantage du refus qu'on auroit eu d'une chose qui en soy n'est rien suivant le raisonnement de feu Monseigneur le cardinal d'Ossat, lors de l'ambassade de M. de Luxembourg, qui avoit eu charge de faire instance auprès du pape Clément VIII que la mesme clause fut ostée. Néantmoins ce désistement n'a pas esté sans quelque fruit, puisque Sa Saincteté mesme, à qui on l'a fait valoir, en a tesmoigné tant de satisfaction qu'elle en a remercié le Roy, non-seulement en la personne de M. le duc de Créqui, mais aussi en celle dudit sieur de Boissieu. Fait à Rome, le vingt-huictième de Juin 1633.

Response de M. Bouthillier à M. de Boissieu, conseiller du Roy, lieutenant-général au bailliage de Gresivodan, et orateur pour Sa Majesté en l'ambassade extraordinaire de l'obédience à Rome.

MONSIEUR,

J'ay fait voir au Roy le mémoire que vous m'avez envoyé avecque vostre lettre du deuxième juillet, de ce qui s'est passé sur le sujet de vostre harangue, en laquelle on a fort approuvé que vous ayez avec fermeté soustenu les termes avantageux et néantmoins très véritables touchant la gloire du Roy, lesquels on vous a voulu contester; ceux de l'obédience estoient surtout importans, comme estans les principaux et essentiels de l'action qui se faisoit; et comme elle est plustost d'humilité chrestienne et de déférence civile que d'obligation et de devoir, vous avez très bien fait d'éviter les paroles qui pouvoient induire le moins du monde aucune dépendance temporelle de cette Couronne, mais de les réduire à un compliment de prince chrestien, ainsi que vous avez fait; il a esté aussi très important de maintenir le titre de fils aisné de l'Eglise qui a esté donné aux prédécesseurs du Roy avant mesme qu'il y eust des empereurs en Allemagne. On a trouvé pareillement fort bon le tempérament que vous avez apporté sur les mots controversez touchant Charlemagne. Quant à la response qui a esté faite à votre dite harangue, nous avions préveu qu'elle ne seroit point autre que celles qui ont esté cy-devant faites en semblables occasions, vous asseurant pour conclusion que le Roy a très particulière satisfaction de ce que vous vous estes si bien acquité de cette action, et Monseigneur le Cardinal aussi; je ne doute point que Sa Majesté ne s'en souvienne dans les occasions qui se présenteront pour vostre avantage, dans lesquelles je seray très aise de vous servir près de Sa Majesté et de Mondit seigneur le Cardinal, et de vous faire connoistre que je suis, etc.

A Paris, le 11 aoust 1633.

Nous ajouterons à ces pièces officielles la relation de la cérémonie de l'Obédience, extraite de l'Histoire du maréchal de Créquy par Nicolas Chorier, et que l'auteur ne peut avoir écrite que d'après le récit de M. de Boissieu lui-même :

Ce fut dans la sale royalle du Vatican que le duc de Créquy rendit solennellement l'obédience le 25 du mois de juillet. Cette sale est extraordinairement spacieuse, ce qui la fait plus remarquable que ses ornemens; et elle a le titre de royalle parce qu'elle n'est, dans ces actions solennelles, ouverte qu'aux ambassadeurs des Rois et des Couronnes. Le Pape estoit venu à cheval, ce jour-là, du palais de Monte-Cavallo, dez le matin au Vatican, accompagné de huit cardinaux. La marche du Duc allant à l'audience différa en peu de choses de celle de son entrée solennelle. Les habits de ceux de sa suite furent tous de velours, et leur broderie ne fut qu'or et qu'argent. Celuy du Duc estoit aussi de velours noir, mais il estoit semé d'une quantité innombrable de diamans qui le faisoient briller. Le collier de l'ordre du Saint-Esprit qu'il portoit sur son manteau et le cordon de son chappeau estoient si riches qu'ils éblouissoient les yeux; leur prix estoit de plus de cinquante mille escus.

Boissieu, Orateur du Roy, vestu d'une robe longue de satin noir, couvert d'un bonnet carré et monté sur une haquenée blanche, marchoit immédiatement devant le Duc, entre les deux maistres des cérémonies du Pape. Mais le Duc, monté sur un grand cheval qui avoit le mors, les fers et les étriers d'or massif, avoit à ses costez Mocenigo, archevesque de Candie, et Filonardi, évesque d'Aquin. Quatorze prélats venoient après, et le riche carrosse du Duc suivoit attelé de six chevaux grisons.

Estant au Vatican, le Duc ambassadeur et l'Orateur furent introduits les premiers dans la sale. La suite de l'ambassadeur entra après et tous ceux qui se présentèrent : ce fut tout ce qu'il y avoit de raisonnable dans Rome ; l'on peut dire qu'elle estoit toute dans cette sale. Le Pape estoit assis dans un fauteuil relevé sur quelques marches ; c'estoit une espèce de throne. Il estoit vétu pontificalement, comme dans ces actions célèbres et d'éclat les papes ont coûtume de l'estre. Aux deux aisles, dans le parterre, estoient les cardinaux, n'ayants que leur barrette, de mesme que le Pape. Des barrières les séparoient de la foule et les en défendoient ; cella servoit à la dignité du lieu. Dans le milieu estoient les évesques et les autres prélats. Hors des barrières, vis-à-vis du throne, on avoit élevé une sorte de théâtre sur des marches. C'estoit à l'entrée de la sale : le Duc et l'Orateur y montèrent, celuy-cy prenant la droite du duc. Ils estoient ainsi en mesme élévation que le Pape.

Boissieu commença son discours d'un ton de voix qui frappa tous les esprits; elle remplit agréablement toute la sale, et l'on ne perdit pas la moindre de ses paroles. Ce fut imposer silence à ceux mesmes qui n'entendoient pas ce qu'il disoit. Il n'y en eut jamais de plus muet ni de plus constant. L'entrée de son discours fut une response à l'étonnement de ceux qui trouveroient estrange que le Roy, fils aisné de l'Eglise et le premier des princes chrestiens, eut différé si long-temps de témoigner à Sa Sainteté la joye qu'il avoit de sa promotion au suprême pontificat. Il dit que le Roy avoit voulu imiter les Mages et n'aborder le vicaire de Jésus-Christ sans de riches présens, qui estoient les dépouilles des rebelles et ses trophées sur l'hérésie abbatue; et que ce procédé estoit digne du petit-fils de tant de roys, à qui le Saint-Siége a les dernières obligations. Il loua le Roy de son zèle envers la religion: ce zèle, dit-il, qui luy a fait entreprendre et soûtenir tant de guerres et préférer les fatigues et les dangers au repos et aux plaisirs. Il toucha, en passant, la deffaite des Anglois devant la Rochelle et la prise de cette ville, l'arsenac de la rebellion et le fort de l'hérésie jusques alors jugé imprenable. Il n'oublia pas les soins qu'il avoit de la liberté de toute l'Italie ny sa protection si favorable à tous ses princes; il luy donna l'éloge d'en estre le libérateur.

Après, s'addressant au Pape, il luy dit que, comme un autre Moyse, il élevoit ses mains au ciel pendant qu'un autre Josué combattoit contre de nouveaux Amaléchites. Il le loua de ses excellentes qualitez, de la splendeur de sa naissance, de sa prudence consommée, de la grandeur et de la vivacité de son esprit, de son sçavoir si étendu qu'il sembloit n'avoir pas des bornes, et enfin de sa sagesse dans le gouvernement, et de ses lumières dans les affaires les plus difficiles. Il finit ce judicieux panégirique, de peu de périodes, par cette pensée, que sa dignité suprême estoit le comble de tous les éloges et de toutes les louanges; n'y ayant pas à douter que Jésus-Christ ne l'eut luy-mesme élu dans le ciel, pour estre son vicaire, avant que les hommes l'élussent sur la terre. De sorte, continua-t-il, que ce n'estoit pas une merveille que le Roy eut une extrême joye de sa promotion, et que maintenant, pour la faire connoître à tout le Monde, il luy eut envoyé un des plus grands seigneurs de son royaume. Ce discours se présentant de soy-mesme, il parla, sans s'y étendre beaucoup, de la noblesse de l'origine du Duc, de la considération où il estoit dans l'Estat, de son insigne piété et de son zèle pour la religion catholique.

Vn discours plus étendu auroit moins persuadé. Il finit par la formule de l'Obédience, qui fut que le Roy, par le ministère d'un homme de ce mérite, se prosternoit aux pieds de Sa Sainteté, et les luy baisant, luy rendoit cet honneur et cette Obédience filiale; qu'il le reconnoissoit et qu'il l'avouoit le seul vicaire de Jésus-Christ, le vray successeur de saint Pierre, l'arbitre du royaume du Ciel et du salut des hommes; et qu'il luy faisoit offre de toutes ses forces pour la deffense du Saint-Siége. Le secrétaire des Brefs répondit pour Sa Sainteté, en termes pleins d'honneur, qu'Elle recevoit, avec grande estime, ces témoignages de respect et d'obédience que le Roy Très-Chrestien luy rendoit, sans préjudice néantmoins à l'égard de la Navarre du droit du Roy Catholique.

Huit cardinaux, appellez par nom et par surnom, pour cet office, conduisirent le Duc aux pieds du Pape. Il en baisa la pantoufle de velours cramoisi, ornée au-dessus d'une croix en broderie d'or. Le Pape, se baissant, l'embrassa trois fois, et reçeut de sa main la lettre du Roy, avec des témoignages d'une extraordinaire satisfaction. Le Duc s'estant relevé, s'assit dans la chaize qu'on luy avoit préparée. Boissieu fut receu, immédiatement après le Duc, à baiser les pieds du Pape, qui luy parla obligeamment de son discours et de la noble hardiesse avec laquelle il l'avoit prononcé. Le Pape se levant après, se retira dans sa chambre, et le Duc le suivit, portant la queüe de sa chappe.

ELEGIA

DIONYSII SALVAGNII BOESSII

DE VITA SVA

Quæ nostræ series, quæ sint discrimina vitæ,
    Accipe, qui venies post mea fata, nepos.
Gens mihi patricio Salvagnia nobilis ortu,
    Quæ tulit illustres inclyta Marte viros.
Glorior insigni meritis me patre creatum,
    Arciaca mater nobilitate fuit.
Excepit superas ortum sub luminis auras
    Multiplici rutilans turre Voræa domus :
Salve, terra parens, nostris quoque debita sedes
    Ossibus, Allobrogis cultior ora plagæ;
Otia tu nostris præbes optata Camœnis,
    Dum fora clamosis litibus orba silent.
Prima fuit teneræ delecta Vienna juventæ,
    Ausonios docuit prima Vienna sonos.

Hærebit memori Busius mihi pectore fixus,
  Ille sodalitii lausque decusque sui.
Primus hic æternos monuit non temnere Divos,
  Imbuit et sensu corda tenella pio.
Hinc mihi digresso princeps Academia cessit,
  Quâ pater augustas Sequana volvit aquas.
Innumeris schola Lexovii florebat alumnis,
  Urbis in excelso conspicienda loco.
O quos illa foro celebres, quos illa togatis
  Ordinibus, cathedris quos dedit illa viros :
Hìc mihi per Sophiam licuit spatiarier omnem,
  Doctaque Socraticæ per monumenta domus.
Formasti veterum placitis rude pectus, Haberte,
  Cui merito velat nunc sacra mitra comas.
Quod Plato, quod civis docuit Stagirita, docebas,
  Eloquium lenis fluminis instar erat.
Mirabar Latias dicentis ab ore loquelas,
  Mirabar Graios fantis ab ore sonos.
Dum novus incaluit pubenti corpore sanguis,
  Et fuit in roseo vividus ore color,
Ausus ego Aonii riguum superare cacumen
  Montis, et Ascræas sollicitare Deas.
Hìc ego sub diâ captavi somnia lauro,
  Hìc mea Pegaseus proluit ora liquor.

Tunc me Castaliæ vatem dixere Sorores,
    Implexas hederâ circumeunte comas.
Ex illo Clarii me ludit amabilis æstus
    Numinis, et cytharæ blandus inescat amor.
Quid ni? Patricios etiam, proceresque Senatûs
    Non puduit Phœbi mollia castra sequi.
An non Pibracii, Faiique, gravesque Thuani
    Interdum Latiis concinuere modis?
Divinusque senex sortitus ab Hospite nomen,
    Conspicuus Ceræ quem decoravit honos;
Bellajusque decus vatum, quos inclyta vidit
    Purpureos inter Roma sedere Patres?
Tu quoque, Turnoni sumpto moderamine regni,
    Diceris Ascræâ te recreasse lyrâ;
Mille alios patriis illustria nomina fastis
    Castalio juvit fonte levare sitim.
Me quoque principibus permistum vatibus inter
    Juverit illustres nomen habere choros.
Sed minor afflavit lenti me numinis ardor,
    Sat fuerit longè lumina tanta sequi.
Primus concinui patriæ miracula terræ,
    Quà nulli veterum semita trita fuit.
Formosam querulis celebravi cantibus Idam,
    Nec fuit in nostris clarior ulla plagis.

Ida, fatebor enim, postquam me cepit ocellis,
  Non libertatis spes fuit ulla mihi;
Mene etiam placito juvenum pugnare furori?
  Quid facerem? Deus est imperiosus Amor:
Me tamen interea per Graios hospita fines
  Vigineâ duxit Calliopea manu.
Scilicet hinc largè præpta divite gazâ
  Par fuit eloquiis utraque lingua meis.
Interdum licuit convertere Græca Latinis,
  Et Graiis Latios consociare sonos.
Quas tibi rettulerim grates, facunde Petavi,
  Cecropios hausi cujus ab ore sonos.
Eduxi latebris Ibin, salebrisque remotis
  Quà plano docui tramite lector eat.
Ars quoque detinuit mirâ dulcedine captum,
  Stemmata nobilium quæ generosa docet;
Hanc ego restitui densâ caligine tectam,
  Et quæ defuerant nomina vera dedi.
Dein me sacra Themis tenero subduxit Amori,
  Subduxit Phœbo, deliciisque meis.
Scindebant dubiam studia in contraria mentem
  Bellicus hinc Mavors, inde verenda Themis.
Certe ego vix prima sparsus lanugine malas,
  In castris merui, Mars, animose tuis.

Invitum rapuit tandem, sic fata ferebant,
   Me toga; majores emicuere sago.
Pœnituit cultum studiis ignobilis otî,
   Seria Pieriis posthabuisse jocis.
Tu suasor doctis, Expilli, cognite libris,
   Purpureæ quondam gloria prima togæ;
Tu, gravibus vacuam mentem quorum indiget usus,
   Flexisti monitis utiliora sequi.
Jus dixi populis quorum sata nomine Graio
   Hinc Dracus, hinc Isaræ nigra fluenta lavant;
Attrivitque meas insanis litibus aures
   Tantisper queruli garrula turba Fori,
Ausonias donec me Rex legavit ad oras,
   Et comitem, Crequi, me tibi, magne, dedit.
Audiit orantem celebri me Roma Senatu,
   Christiadum mulces dum, Lodoice, Patrem.
Hinc ego Reginam Pelagi sum missus ad urbem,
   Hadriacas latè quæ moderatur aquas.
Ut redii, functus delato munere, sacri
   Pars ego Consilii quantulacunque fui.
Nunc suprema tenet Rationum Curia Fisci,
   Curia præclaris conspicienda viris,
Regia quos inter nullâ me laude priorem
   Gratia præcipuum jussit habere locum.

Hìc statuere mihi sedes immota quietas
    Fata, nec ulterius tendere vota sinunt.
Dum tamen à Fastis licuit cessare diebus,
    Clausaque Justicio conticuere Fora,
Edocui dubios patrio sermone clientes,
    Quæ Dominis essent debita jura suis.
Eloquar, an sileam? Musis licet omnia fari,
    Nec vetat ingenuus dicere vera pudor.
Ipse triumphator gentis Lodoicus Iberæ
    Alloquiis visus sæpe favere meis;
Me quoque privatis voluit Christina beare
    Colloquiis, Gothicæ regia virgo plagæ.
Nec te subticeam, Francorum summa, Richeli,
    Gloria, spes olim præsidiumque meum.
Nec te Sicaniis, Mazarine, parentibus orte,
    Quo pax Europæ conciliante data est.
Pene mihi solium patrii superare Senatûs
    Contigit, atque graves ante sedere Patres.
Hæc tua quippe fuit non inconsulta voluntas,
    Optima Francorum principis, Anna, parens.
At Superis aliud visum, tolerabile pondus
    Haud equidem nostris viribus esse ratis.
Hæc vos, Bercherii fratres, sors digna manebat,
    Insignes meritis et pietate viri.

Ah ! placidum liceat traducere leniter ævum
  Inter amicitiæ pectora fida sacræ.
Tres mihi talis amor fraterno fœdere junxit,
  Qualis in Ægida Pirithooque fuit :
Te, Boffine, sacri vindex acerrime Fisci,
  Teque Senatorum, docte Ponate, decus ;
Tu quoque, Bochagi, Themidis sanctissime cultor,
  Cui fuit Hyblæis illita lingua favis.
De tribus incolumis superas, longoque supersis
  Tempore, pars animæ magna, Ponate, meæ.
Bis celebratus hymen nobis et tæda jugalis,
  Nec tamen hæc multâ prole beata fuit.
Dotibus eximiis animi Deagentia pollens,
  Progenies magno digna parente fuit.
Altera Burgundo Villersia stemmate, claris
  Nobilis à proavis, nec pietate minor :
Utraque sublimes animos in pectore versans,
  Utraque dilecti moribus apta viri.
Nata mihi fuerat felici fœdere juncta
  Præcipuâ claro nobilitate viro,
Qui, Sassenagiis latè dominator in oris,
  Castra per innumeros missa tuetur avos.
Abstulit hanc Lachesis, primævo flore juventæ :
  Perculit, heu, quantus viscera nostra dolor !

O felix anima, et cœlestibus addita Divis,
 Intuitu pasci quam juvat usque Dei!
Parve nepos, mellite nepos, genitoris avique
 Deliciæ, matris dum superabat amor,
Cresce, nepos, atavis heroibus orte, nec illis,
 Si placitum Superis, ipse future minor.
Quippe legens Patriæ annales et fortia Regum
 Facta, simul patrum fortia facta leges.
Gloria tunc ardens mentemque animumque peruret;
 Tunc cæca insomni vulnera corde premes.
Ah! quoties animo repetens exempla tuorum,
 Degener, ah! dices, non ego sanguis ero.
Macte igitur virtute, puer, crescentibus annis,
 Antiquum generis qui tueare decus.
Æqua tibi faveant radiis melioribus astra,
 Totaque purpureo stamine vita fluat,
Ætatem antevenis jam nunc puerilibus ausis,
 Arguis et morum nobilitate genus.
Illeque frontis honos, animi vigor ille, futurum
 Nescio quid magnum conspicuumque notant.
Tu certo, nisi me veri præsagia fallunt,
 Nomen ab antiquâ posteritate feres.
Interea variè distracto Cynthius aurem
 Vellit, et immemorem non sinit esse sui.

O mihi florentes annos si, Phœbe, referres,
    Intermissa diù sumpsero plectra lubens;
Posthabitoque Foro, cursus iterabo relictos :
    Irrita vota quidem, sed tamen illa placent.
Quin subeunte juvat senio dare vela retrorsum,
    Aonios lusus didicisse juvat.
Jam celeris vitæ bis sex ego lustra peregi,
    Effœto gelidus corpore sanguis hebet.
Est etiam Musis ætas sua ; tempore longo
    Desuetam tremulo pollice pulso chelyn.
Vos procul ite, novem, quondam mea cura, Sorores ;
    Una mihi posthac ritè colenda TRIAS.

IL nous sera permis, à raison de sa date et des renseignements qu'elle peut fournir pour l'histoire de la vie privée de nos pères, d'ajouter la pièce suivante qui se trouve à la fin du Registre du président Salvaing de Boissieu.

Mémoire de ma vaiselle d'argent, partie estant à Vourey dans une caisse au-dessus de la garderobe de mon cabinet à main gauche, partie estant à Grenoble.

Une buye* d'argent où sont gravées mes armes, pesant vingt-sept marcs deux onces et un quart, laquelle j'ay achetée à Paris pour le prix de sept cent cinquante livres de la succession de Messire François Deageant, baron de Viré, mon beau-frère. Elle est dans mon cabinet de Vourey, dans un estuit qui est au-dessus de la garderobe, à main droite.

Un bassin où sont gravées mes armes et celles de feu ma femme, pesant quatorze marcs cinq onces.

Un autre bassin où sont gravées mes armes et celles de feu ma femme, pesant quatorze marcs moins trois onces.

---

* Buye ou Buire, espèce de broc d'argent ou d'étain pour les liqueurs. (*Dictionnaire de Trévoux.*)

Douze plats où sont gravées mes armes, parties de celles de feu ma femme, pesans soixante-quatre marcs moins deux onces.

Vingt-sept assiètes où sont gravées mes armes, parties de celles de feu ma femme, pesans trente-six marcs cinq onces.

Deux corbeilles où sont gravées mes seules armes, pesans huit marcs deux onces.

Quatre flambeaux, deux armoyés de mes seules armes et deux partis de celles de feu ma femme, pesans huit marcs trois onces.

Deux autres flambeaux gravés de mes armes et de celles de feu ma femme, pesans cinq marcs moins un quart d'once.

Deux sous-coupes où sont gravées mes armes, parties de celles de feu ma femme, pesans cinq marcs six onces.

Une bassinoire où sont gravées mes armes, parties de celles de feu ma femme, pesant quatre marcs deux onces.

Un réchau où sont gravées mes armes, parties de celles de feu ma femme, pesant trois marcs deux onces.

Un coquemar où sont gravées mes armes, parties de celles de ma femme, pesant quatre marcs trois onces.

Une éguière couverte où il n'y a point d'armes gravées, pesant cinq marcs une once.

Une autre éguière non couverte où sont gravées mes seules armes, pesant quatre marcs moins demy once.

Une escuelle couverte, de vermeil doré, où il n'y a point d'armes gravées, pesant avecque la cueiller et la forchète, le couteau non compris, trois marcs deux onces et demy.

Deux escuelles où sont gravées mes armes, parties de celles de feu ma femme, les deux pesans trois marcs deux onces et un quart.

Une autre escuelle où sont mes armes avecque celles de feu ma femme, pesant deux marcs moins un quart d'once.

Deux colliers de Maure* où sont mes armes avecque celles de feu ma femme, pesans quatre marcs une once et demy.

Un espanillon de mouchète avecque le chainon, où sont mes armes et celles de feu ma femme, pesant deux marcs cinq onces et demy.

Douze cueillers et douze forchètes armoyés de mes armes et de celles de feu ma femme, pesans sept marcs moins une once.

Une autre douzaine de cueillers et de forchètes où sont mes armes avecque celles de feu ma femme, pesant sept marcs une once.

Une salière à trois branches pour soutenir une

---

* On appelle *Colliers de Maure*, des ustensiles de table qui servent à porter les plats ou les assiettes volantes, qui sont faits comme des colliers que portent les Maures. (*Dictionnaire de Trévoux.*)

assiète, où sont gravées mes seules armes, pesant deux marcs moins une once.

Une autre salière à trois branches, armoyée de mes seules armes, pesant deux marcs moins un quart.

Un filon à tenir de l'eau pour filer, pesant une once.

Quatre-vingt-dix-huit gettons dans une bourse de velours vert, pesans deux marcs une once et demy. (Il s'en est égaré dix.)

Un demy ceint d'argent *, pesant......

Huit petites salières où sont gravées mes armes et celles de feu ma femme, pesans quatre marcs cinq onces et demy.

Un calice d'argent avecque sa patène où il n'y a point d'armes, pesant deux marcs moins un quart d'once.

* Ceinture d'argent ou d'autre métal, avec des pendants, que portaient autrefois les femmes, où elles accrochaient les clefs, les ciseaux, etc. (*Dictionnaire de Trévoux.*)

NOTES

sur la relation des principaux événements de la vie

DE

SALVAING DE BOISSIEU.

NOTES

sur la relation des principaux événements de la vie

DE

SALVAING DE BOISSIEU

1 — *La communauté de Vourey* en formait anciennement deux : l'une appelée Vourey de Moirans et l'autre Vourey de Tullins, qui ne furent réunies qu'en 1708. Vourey dépendait, avant la Révolution, de l'élection de Romans et du bailliage de Saint-Marcellin. Cette commune, d'une population de douze cents âmes, fait aujourd'hui partie du canton de Rives, arrondissement de Saint-Marcellin, département de l'Isère.

Le château de Vourey paraît avoir appartenu fort anciennement aux seigneurs de Tullins, de la maison de Roussillon. Il fut acquis dans la suite par les Guiffrey. Guigues Guiffrey de Quincieux le laissa par testament à Pierre de Salvaing, son petit-neveu, lequel n'ayant pas eu d'enfants de son mariage avec Charlotte de Theys, fille de Pierre, seigneur d'Herculais, le légua, par son testament du 18 décembre 1580, à Charles de Salvaing, père de Denis.

Par lettres-patentes données à Saint-Germain-en-Laye au mois de février 1640, ce château fut érigé en fief sous le nom de Salvaing, avec haute, moyenne, basse justice, et faculté à l'impétrant de se qualifier seigneur d'icelui, en faveur de Denis de Salvaing et de ses descendants tant mâles que femelles. Le président ne se contenta pas de cette distinction honorifique, il augmenta considérablement cette seigneurie par l'acquisition d'un grand nombre de fonds, terriers, rentes, censes et autres droits utiles. La terre de Vourey entra dans la maison de Sassenage par le mariage de Christine, fille unique de Denis de Salvaing, avec Charles-Alphonse de Sassenage. Elle fut vendue, en 1746, à un sieur Gervason, dont les héritiers la revendirent le 29 octobre 1754 à Gabriel-Jean-Baptiste Pavée, écuyer, conseiller, secrétaire du Roi, maison couronne de France. Sa fille, Louise-Marie Pavée, la porta dans la famille de son mari, François-Claude Bouvier de Portes de Saint-Jullien. De cette union naquirent plusieurs enfants, entre autres :

Gabriel-Jean-Baptiste-Claude Bouvier de Saint-Jullien de Vourey, président au Parlement de Grenoble, qui épousa, le 21 janvier 1778, Anne-Françoise de Reynaud, fille de Jean-Baptiste de Reynaud, conseiller au même Parlement, et de Marguerite-Françoise Gallien de Cleret. C'est en sa faveur que, peu d'années avant la Révolution, la terre de Vourey fut érigée en comté. Il n'eut qu'un fils, dont il sera question plus loin.

Balthazar, le dernier des trois frères du Président, à raison de l'extinction de la maison de Salvaing et de la possession par sa famille de la terre de Vourey-Salvaing, se permit de relever ce nom et se fit appeler Bouvier de Salvaing. Il porte ce nom sur le rôle des officiers de la Chambre des comptes de Grenoble, où il était chevalier d'honneur en 1778. Plus tard, en 1788, il figura aux Etats de Romans parmi la noblesse de l'élection de Grenoble, sous celui de chevalier de Salvaing; et il est hors de doute que si personne ne lui disputa ce nom, c'est que personne n'avait qualité pour le faire.

La terre de Vourey ayant été vendue nationalement par suite de l'émigration du Président de Vourey, M. Bouvier de Salvaing se rendit acquéreur de la propriété de son frère; mais, comme il mourut célibataire, elle revint à son neveu, Jean-Baptiste-Félix Bouvier de Saint-Jullien, comte de

Vourey. Ce dernier mourut également sans être marié le 21 mai 1832, laissant par son testament la terre de Vourey à son ami Achille-Louis comte de Meffray, qui la possède aujourd'hui. C'est à sa complaisance et à celle de M. Jules de Tourneuf, maire de Vourey, que nous devons une partie des renseignements dont se compose cette note.

2 — *Saint-Joire*, ou plutôt Saint-Geoire, chef-lieu du canton de ce nom, est un gros bourg de l'arrondissement de la Tour-du-Pin, qu'il ne faut pas confondre avec Saint-Geoirs, village de l'arrondissement de Saint-Marcellin. Saint Georges est le patron de ces deux paroisses, dont Saint-Geoire et Saint-Geoirs ne sont que le nom défiguré par une ancienne et rustique prononciation.

3 — *Le collége des Jésuites de Vienne*, aujourd'hui celui de la ville, fut commencé en 1606, d'après les dessins d'Etienne-Ange Martel, dit *le frère Martel-Ange*, jésuite, né à Lyon en 1599, mort en 1641. C'est un vaste et beau bâtiment, qui ne fait pas moins d'honneur à cet architecte que la construction de l'église du grand Collége et de l'hospice de la Charité de Lyon. Le P. Menestrier a professé la rhétorique dans cet établissement, qui

a eu ses jours de célébrité. Il lutte vainement aujourd'hui contre la pente du siècle, qui entraîne dans les grandes villes tout ce qu'il y a de distingué en professeurs comme en élèves.

Balthazar de Bus, neveu du vénérable César de Bus, instituteur de la congrégation de la Doctrine chrétienne, professa la rhétorique et la philosophie à Vienne, et mourut le 12 décembre 1657, après avoir publié quelques ouvrages de piété.

4 — *Elle demeura chargée de sept fils et de deux filles*, etc. :

1. *Denis*, né le 21 avril 1600, mort le 10 avril 1683, âgé de 83 ans moins onze jours.

2. *Aymar*, qui eut en partage le fief de Boissieu, et qui, de son mariage avec Anne Paviot, laissa trois fils et deux filles : Athénée, César et Casimir, tué à la bataille de Senef, le 16 août 1674; Catherine, mariée à Claude de Mondragon, gentilhomme savoisien; et Gasparde, femme en premières noces de François Rabot d'Aurillac, et en secondes de Bernard du Sauvage, gentilhomme du pays de Gex. Athénée était l'aîné, comme nous l'avons vu, et c'est de lui qu'il est question dans la note suivante, extraite du registre de son oncle, le président de Boissieu :

« Puisque Dieu ne m'a point laissé de fils vivant

de feu dame Elizabeth Deageant ma première femme, et qu'il ne m'a donné aucuns enfans de dame Elizabeth de Villers la Faye ma seconde femme, et que les anciens contracts de mariage, testamens et autres titres de ma maison peuvent estre nécessaires à mes frères et à leurs descendans, pour justifier l'ancienneté de leur noblesse dans la recherche qui s'en fait de temps en temps par ordre du Roy; j'ay mis tous lesdits titres, qui remontent au-dessus de cinq cens ans, dans un sac, pour estre remis à noble Athénée de Salvaing, fils aisné de feu noble Aymar de Salvaing, aisné de mes sept frères, comme je l'ay ordonné par mon testament, me contentant de laisser à mon héritier ceux qui seront cy-après mentionnés, lesquels suffiront en cas qu'il voulût faire quelqu'un de ses enfans chevalier de Malte ou comte de Saint-Jean de Lion : et néanmoins, s'il en faloit de plus anciens, mondit nepveu ou ses descendans ne feront pas difficulté de les prester à cet effet. »

Nous ignorons si cet Athénée de Salvaing, qui vivait encore vers 1682, laissa de la postérité; tout ce que nous savons, c'est que dès l'année 1752 le fief de Boissieu était en la possession du sieur François Treillard, procureur du Roi au bureau des finances de Grenoble, qui prenait le nom de Treillard-de-Boissieu.

3. *François*, religieux de l'ordre de Saint-Anthoine

et pourvu des commanderies de Buissière et de Bourbonne en Champagne, et de Besançon en Franche-Comté.

4. *Claude*, qui se fit jésuite.

5. *Jacques*, mort, en 1624, à Paris, où il avait accompagné, en qualité de page, le connétable de Lesdiguières.

6. *Pierre*, capitaine au régiment de Sault, marié à Marguerite Bérenger, fille d'André Bérenger, seigneur de Pipet, Beaufain et Montferrier.

7. *Athénée*, le plus jeune, fut tué, à l'âge d'environ quinze ans, au dégât de Nismes. « Ce nom
« d'Athénée, remarque le président de Boissieu,
« lui fut donné par cette rencontre : Maurice
« Bressieu et Minerve Falcoz de la Blache avoient
« été priés de le porter en baptême; et comme
« ils se déféroient l'un l'autre à lui donner le
« nom, Bressieu dit enfin qu'il lui donneroit celui
« de la marraine, comme il fit, parce que Mi-
« nerve se dit en grec Athéné. »

1. *Madeleine*, mariée le 5 février 1619 à Scipion Derrion, et morte sans postérité.

2. *Catherine*, qui épousa en premières noces, le 29 septembre 1626, noble Balthazar de Fillol, et en secondes, le 22 mars 1633, noble Claude-Romain de Rivolle, conseiller du Roi et maître ordinaire en sa Chambre des comptes de Grenoble, dont les descendants existent à Tullins.

5 — *De Galles*, ancienne famille de Voiron en Dauphiné, sur laquelle trois frères également distingués par leur esprit et leur bravoure jetèrent assez d'éclat vers la fin du seizième siècle et les premières années du siècle suivant. Laurent de Galles, seigneur du Métral, fut tué devant Crémieu, l'an 1590, d'un coup de mousquet à la tête, n'étant âgé que de vingt-sept ans. Louis de Galles, seigneur de la Buisse, fut choisi par le duc de Créquy pour lui servir de second dans le duel où il tua Don Philippin, frère naturel du duc de Savoie. Deageant raconte, page 66 de ses Mémoires, que François de Galles, seigneur du Bellier, se trouvait dans la chambre du roi Louis XIII lorsque le maréchal d'Ancre fut tué sur le pont du Louvre par Vitry, capitaine des gardes-du-corps. « Tout d'un coup il s'éleva un grand bruit dans le Louvre, et un homme tout effrayé courut dire au Roi que l'on avoit manqué le Mareschal et qu'il montoit avec tous les siens l'épée à la main. Le Roi, s'adressant à Bellier, lui dit : Que faut-il faire ? — Ce qu'il faut faire, répondit celui-ci, aller à eux, Sire ; vous leur passerez sur le ventre, voire à tout Paris, s'ils s'opposent à vous. Disant ces mots, il s'avança suivi du Roi, jusques à la grande salle, où l'on apprit que ce n'étoit que le cry de ceux qui avoient vu tomber le Mareschal, tué de trois coups de pistolet. »

Du Bellier fut, comme l'avait été son frère,

maréchal-de-camp et colonel des légionnaires de Dauphiné et de Lyonnois, charge créée pour eux et ensuite supprimée. Il était né le 10 novembre 1567, et fit son testament à Paris, âgé de cinquante-neuf ans.

6 — *Louis Servin*, natif du Vendômois. Cette parenté n'avait d'autre fondement que la ressemblance qui pouvait exister entre les noms de Salvaing et de Servin. Le jeune Salvaing de Boissieu résolut d'en profiter pour se faire un protecteur de son prétendu parent l'avocat-général. Servin, de son côté, ne fut point fâché de l'occasion qui s'offrait de relever son obscure origine par quelque noble parentage. Ce n'est ni la première ni la dernière fois que de semblables transactions sont intervenues entre la naissance et la fortune, s'empruntant l'une à l'autre ce qui manquait à chacune d'elles. Louis Servin était d'ailleurs un homme lettré et un magistrat remarquable par sa fermeté, qui remplit avec honneur pendant vingt ans la charge d'avocat-général, dont il avait été pourvu dans des temps difficiles. Sa mort fut d'autant plus remarquable qu'il expira le 19 mars 1626, aux pieds du roi Louis XIII, séant en son lit de Justice, et comme il lui faisait une remontrance contre des édits bursaux qu'il était venu faire en-

registrer en personne. C'est ce qu'un conseiller de la Grand'Chambre, témoin de cette scène tragique, exprima par ces deux vers latins :

SERVINUM una dies pro libertate loquentem
Vidit, et oppressa pro libertate cadentem.

Servin avait eu d'un premier mariage un fils, qui fut un prodige de bonnes et de mauvaises qualités, et que la débauche emporta de bonne heure, suivant le récit qu'en fait Sully dans ses Mémoires. Il laissa, de son second mariage avec Françoise-Anne de Rambures, Louis-Réné Servin, conseiller au Parlement de Paris, marié à Charlotte de Vassan, et Magdeleine-Angélique Servin, qui épousa, le dernier octobre 1632, Antoine-Marcellin de Damas, baron de Digoine.

7 — *Léon Bouthillier*, comte de Chavigny, secrétaire d'Etat au département des affaires étrangères, joua un rôle important sous le ministère du cardinal de Richelieu, dont il fut le plus intime confident et dont il passait pour être le fils.

8 — *Jean de la Barde,* marquis de Marolles-sur-Seine, avait été premier commis de M. de Chavigny son parent, et devint conseiller d'Etat

et ambassadeur extraordinaire en Suisse. Bayle a consacré un article à ce diplomate, dont l'histoire, dit-il, fut bien reçue du public, quoique longtemps attendue comme un chef-d'œuvre. Le style en est bon, les choses y sont narrées sans flatterie, et avec beaucoup de connaissance des intrigues du cabinet. M. de la Barde mourut fort âgé en 1692.

9 — *Claude Expilly*, seigneur de la Poepe, conseiller d'Etat, président au Parlement de Grenoble, naquit à Voiron en 1561. Magistrat habile et érudit, il remplit avec distinction plusieurs missions importantes, et fut en correspondance avec les savants les plus illustres de son temps. Il a laissé des Plaidoyez, un Traité de l'Ortografe où il prétend que « notre langage ne sera jamais agréable aux étrangers que quand on écrira les mos comme on les prononce; » enfin, un volume in-fol. de Poèmes où tout ce qu'il y a de meilleur consiste dans un Supplément (en prose) à la Vie de Bayart. Expilly mourut en 1636, ne laissant qu'une fille mariée en premières noces à Laurent de Chaponay, seigneur d'Eybens et de Bresson; en secondes, à Claude de Fassion, seigneur de Brion. Sa petite-fille, Isabeau de Chaponay, épousa Antoine Moreton, seigneur de Chabrillan, d'une ancienne famille qui existe toujours en Dau-

phiné, et dont le chef, Alfred-Philibert-Victor, marquis de Chabrillan, ancien pair de France, réside au château de Saint-Vallier. Antoine Boniel de Catilhon, petit-fils d'Agnès Expilly, sœur du Président, a écrit la Vie ou plutôt le Panégyrique de son grand-oncle; Grenoble, 1660, in-4°.

10 — *De la Baume*, ancienne famille parlementaire de Grenoble, dont il existe une branche connue sous le nom de La Baume de Pluvinel.

11 — *Sirmond (Jacques)*, né le 22 octobre 1559 à Riom, et mort à Paris le 7 octobre 1651. Le P. de la Baune a donné, à la tête du premier volume des *Opera varia* de Sirmond, un Abrégé de la vie et des travaux de cet illustre jésuite, qu'il appelle avec raison l'ornement de son siècle et de la république des lettres.

12 — *Le Philosophe soldat*. Il était provençal et s'appelait Antoine Villon ou de Villon, *Antonius de Villon, aliàs Miles philosophus et in universitate Parisiensi professor antiperipateticus*, comme il s'exprime lui-même dans la thèse condamnée par l'arrêt du Parlement de Paris, dont

nous allons donner un extrait emprunté au *Mercure françois*, tome X, année 1624, p. 503 :

« Arrest du Parlement de Paris, prononcé le quatrième jour de septembre 1624 contre Jean Bitault, Anthoine Villon, dit *le Soldat philosophe*, et Estienne de Claves, médecin chimiste, lesquels avoient fait afficher des thèses contre la doctrine d'Aristote. Ils devoient les disputer publiquement dans la salle du palais de la feue reine Marguerite où s'estoient assemblées plus de mille personnes, mais auparavant qu'ils eussent commencé leur dispute M. le premier président leur envoya faire défense; et ensuite de Claves fut arresté prisonnier; pour Villon, ne voulant pas tenir compagnie à la prison de Théophile, de quoi il estoit menacé, il s'évada. » Voyez aussi la Notice préliminaire de M. Daunou sur l'Arrêt burlesque, p. 99 du tome IIIe des OEuvres de Boileau; Paris, Dupont, 1825, in-8°.

13 — Les familles *de Ponnat* et *de Vachon* de Belmont, auxquelles appartenaient les deux amis de Salvaing de Boissieu, sont fort anciennes en Dauphiné, et ont fourni nombre de présidents et de conseillers au Parlement de Grenoble, à partir de sa création jusqu'à l'époque de sa destruction en 1789.

14 — *Jacques Martin* était piémontais; il prit possession de la chaire de Ramus en 1610. Dans le discours latin qu'il prononça lors de son installation, il dit que sa vie avait été jusque-là fort agitée, mais il n'entre dans aucun détail. Goujet termine le très court article qu'il a consacré à Jacques Martin par ces mots : « Il étoit encore professeur en 1626, j'ignore ce qu'il est devenu depuis. » *Mémoires historiques et littéraires sur le Collége de France*, seconde partie, p. 46.

15 — *Louis de Bourbon, comte de Soissons*, prince du sang, né en 1604, succéda l'an 1612, à Charles son père, dans la charge de gouverneur de Dauphiné; mais, à raison de son jeune âge, le commandement de cette province fut exercé par le maréchal de Lesdiguières jusqu'à cette année 1623, que le prince vint en personne prendre possession de son gouvernement.

16 — L'histoire de Lesdiguières est pleine de traits de valeur de Jean Le Blanc, dit *le Perse* ou *du Perce*, à cause de la terre de ce nom qu'il acheta du Connétable au prix de vingt mille livres. De simple gendarme dans la compagnie de Lesdiguières, il parvint au grade de capitaine de ses gardes, fut

annobli par lettres du mois d'août de l'an 1602, et reçut pour armoiries des piques d'or semées sur champ d'azur, avec cette devise : *L'Honneur guide mes pas*. De son second mariage avec Magdeleine de Larmusière, Jean Le Blanc laissa deux enfants : François Le Blanc, qui épousa Geneviève d'Agout, et dont les descendants existent sous le nom de Le Blanc de Prébois; et Françoise Le Blanc, qui, après avoir été sur le point d'épouser le jeune Salvaing de Boissieu, fut mariée, le 9 juillet 1637, à Louis de Micha, seigneur d'Orcières et de la Palud.

17 — *Le comte de Sault*. François de Créquy de Bonne, comte de Sault, fils aîné de Charles de Créquy, maréchal de France et petit-fils du connétable de Lesdiguières, fut commis, l'an 1622, à la charge de lieutenant-général au gouvernement de Dauphiné, pour l'exercer en l'absence de son père et en survivance. Il est indispensable d'entrer, à cette occasion, dans quelques éclaircissements généalogiques.

François de Bonne, duc de Lesdiguières, connétable de France, avait épousé, l'an 1566, Claudine Bérenger, fille d'André Bérenger, seigneur du Gua ou du Gaz. De plusieurs enfants issus de ce mariage, il ne lui resta qu'une fille, Magdeleine de

Bonne, née en 1576. Sa première femme étant morte, Lesdiguières légitima par mariage subséquent, le 16 juillet 1617, les deux filles qu'il avait eues de sa concubine Marie Vignon, plus connue sous le nom de marquise de Treffort, savoir : Françoise de Bonne, et Catherine de Bonne. On ne s'inquiéta nullement de ce qu'elles étaient nées pendant la vie d'Ennemond Matel, marchand de soie à Grenoble, mari de cette femme et assassiné, probablement à son instigation, l'an 1614.

Magdeleine de Bonne avait été mariée en 1595 à Charles de Créquy, comte de Sault, dont elle eut, entre autres enfants : François de Créquy de Bonne, comte de Sault, et Charles de Créquy de Bonne, comte de Canaples.

Françoise de Bonne fut mariée à l'âge de huit ans, l'an 1612, à Charles-René du Puy, seigneur de Montbrun, petit-fils du vaillant compagnon d'armes de Lesdiguières.

Catherine de Bonne épousa par dispense du Pape, le 10 février 1619, son neveu François de Créquy de Bonne, comte de Sault; mais elle mourut deux ans après, sans avoir eu d'enfants. Alors, pour conserver dans la famille de Créquy, substituée au nom et armes de celle de Bonne-Lesdiguières, l'héritage entier du Connétable, on eut recours à l'étrange moyen de démarier sa sœur mariée au seigneur de Montbrun, pour lui faire épouser Charles de Créquy, veuf de sa sœur du premier lit et père de François de Créquy. Le Pape, lorsqu'on sollicita la dispense pour ce dernier mariage, dit qu'il faudrait un pape tout entier pour donner les dispenses que ceux de cette maison demandaient; il ne laissa pourtant pas de l'accorder. Cette union disproportionnée entre une fille de dix-neuf ans et un homme de cinquante et quelques années, s'accomplit le 3 décembre 1623; mais elle eut les résultats qu'on devait en attendre: les époux vécurent fort mal ensemble, scandalisèrent Paris et la province de leurs démêlés, et n'eurent point d'enfants.

Quant à François de Créquy de Bonne, comte de Sault, veuf de Catherine de Bonne, il se remaria, le 11 décembre 1632, avec Anne de la Magdeleine de Ragny; et, après la mort de son père, le maréchal de Créquy, tué d'un coup de canon en Italie le 17 mars 1638, il devint duc de Lesdiguières et gouverneur en chef de Dauphiné. C'est le comte de Sault et le duc de Lesdiguières, dont il est plusieurs fois question dans ces Mémoires.

Il eut de son second mariage : François-Emmanuel de Créquy de Bonne, comte de Sault, marié, le 12 mai 1675, à Paule-Marguerite de Gondy, duchesse de Retz, héritière des biens de sa famille; et Charles-Nicolas de Créquy de Bonne, marquis de Ragny, mort sans alliance en 1674.

François-Emmanuel de Créquy de Bonne, comte de Sault, prit, après la mort de son père, racontée dans ces Mémoires, le titre de duc de Lesdiguières, et fut mis en possession du gouvernement de Dauphiné dont le Roi lui avait accordé la survivance. C'est le dernier duc de Lesdiguières dont parle M. de Boissieu.

Au surplus, la branche aînée de cette riche et puissante maison s'éteignit en la personne de son fils Jean-François-Paule, duc de Lesdiguières, mort sans enfants le 6 octobre 1703, à peine âgé de vingt-cinq ans. Le duché de Lesdiguières fut recueilli par Alphonse de Créquy, comte de Canaples, fils de Charles de Créquy, comte de Canaples, second fils du maréchal de Créquy et de Magdeleine de Bonne, qui mourut lui-même sans laisser de postérité, le 5 août 1711.

18 — *Guichard Deageant,* de Saint-Marcellin en Dauphiné, fut placé par Arnaud d'Andilly chez M. de Luynes dont il devint le confident. La part qu'il prit aux brigues de ce favori contre le maréchal d'Ancre le fit connaître du roi Louis XIII, dont il reçut plusieurs missions importantes. Il contribua particulièrement à décider M. de Lesdiguières à une conversion dont la charge de connétable était le prix. Mais ayant été compromis

dans quelques intrigues de cour en 1626, il fut enfermé à la Bastille où il resta quatre ans et sept mois. Après cette longue détention, il lui fut enjoint de se retirer en Dauphiné, et il rentra dans l'exercice de sa charge de premier président de la Cour des comptes dont il s'était fait pourvoir au temps de sa faveur.

Tallemant des Réaux attribue à Elizabeth de Toloze, sa femme, la naïveté suivante : « Madame des Hagens, du temps du maréchal d'Ancre, oyant dire que la seigneurie de Venise étoit bien riche, dit qu'il la falloit marier avec Monsieur quand il seroit grand. » Elle prit *seigneurie* pour signora. La même anecdote se retrouve dans le *Ducatiana :* « Madame d'Eagon (lisez Deageant) auroit voulu marier Monsieur (Gaston) à la seigneurie de Venise, n'eût été la vieillesse de la dame. »

Les Mémoires de Deageant ont été publiés par son petit-fils, Adrien Roux de Morges, conseiller au Parlement; Grenoble, Ph. Charvys, 1668, in-12.

19 — *Le maréchal de Créquy.* Sa vie a été écrite par Chorier, sous ce titre : Histoire de la vie de Charles de Créquy, duc de Lesdiguières, pair et maréchal de France, chevalier des ordres du Roy et lieutenant-général au gouvernement de Dauphiné; Grenoble, 1683, 2 volumes petit in-12.

Nous avons suffisamment parlé de ses alliances et de sa famille dans une précédente remarque, il ne nous reste plus qu'à rapporter l'épitaphe que Salvaing de Boissieu fit à cet intrépide guerrier, tué d'un coup de canon « qui lui emporta le cœur : »

> Crequius, Hesperiæ terror, quo sospite victrix,
>   Gallia, semper eras, hìc sine corde jacet:
> Scilicet hoc cœlo dignum glans ignea sursum
>   Abstulit, indignâ ne premeretur humo.

20 — *Maurice Bressieu*, mathématicien, orateur et savant helléniste, était né à Saint-Jean-de-Chepié ou de Chépy, hameau de la paroisse de Vourey en Dauphiné. Il obtint au concours la chaire de Ramus contre le flamand Jean Stadius, mathématicien célèbre, dont il reste quelques ouvrages. Il fut ensuite orateur à Rome, pour l'obédience filiale, des rois Henri III et Henri IV, la première et la seconde fois avec le duc de Luxembourg, auprès des papes Sixte V et Clément VIII, et une troisième fois avec le duc de Nevers, auprès de Paul V. Retenu à Rome par Sixte V, il fut bibliothécaire du Vatican, et ensuite professeur de philosophie à Pérouse. Sur ses vieux jours, il se retira dans son pays natal où il mourut vers 1617. Bressieu avait été pendant plusieurs années commensal de l'historien Jacques-Auguste de Thou, qui a parlé fort honorablement

de lui dans ses Mémoires et dans son Histoire. Il a laissé : Orationes quædam; Paris., 1577, in-8°. — Metrices astronomicæ; Paris., 1581, in-fol. — Oratio ad Sixtum V; Romæ, 1586, in-4°.

21 — Le Recueil des Poésies latines de Maffeo Barberini, pape sous le nom d'*Urbain VIII*, a été imprimé plusieurs fois sous le titre de Maffei Barberini Poemata; Romæ in ædibus Collegii romani, 1631, in-4°; Parisiis, e typogr. regia, 1642, in-fol.; et enfin avec la Vie de l'auteur et des annotations de Jos. Brown; Oxonii, typogr. Clarend., 1726, in-4°, édition préférée à toutes les autres.

22 — *Léon Allatius* et *Luc Holstenius* sont assez connus pour que nous nous contentions d'extraire des lettres de ce dernier un passage relatif à ses relations avec Boissieu : Holstenius, écrivant à Peiresc, commence par se louer de Denis de Boissieu et des lumières qu'il avait tirées de sa conversation sur les voies des Alpes qui conduisaient dans les Gaules, mais il se plaint ensuite du tort qu'il lui aurait fait en ne lui restituant point, avant son départ de Rome, certains manuscrits qu'il lui avait prêtés : « Comme, par suite de votre recommandation, il disposoit en toute liberté de moi et de

mes livres, il obtint entr'autres que je lui prêtasse les lettres de Gémiste Plethon, de Bessarion, et quelques opuscules platoniciens que j'avois rapportés d'Angleterre où je les avois transcrits de ma main dans la bibliothèque du Roi. Ces manuscrits n'étoient pas, à la vérité, d'une valeur intrinsèque considérable; mais comme je rassemble avec soin, depuis longtemps, tout ce qui a rapport à Platon, je suis très fâché d'être privé de ces opuscules. Je pense cependant qu'il ne seroit besoin que de l'en avertir pour qu'il me les rendît, d'autant plus que j'aime à croire qu'il ne les a pas emportés à dessein, mais qu'ils se sont plutôt glissés à son insçu parmi ses autres papiers. »

Il n'y a jusqu'ici rien de fort extraordinaire, et l'on sait de tout livre ou manuscrit prêté quel est le triste sort. Boissieu avait oublié de rendre à Holstenius ses manuscrits, et nous avons trouvé nous-même dans le Recueil de du Chesne, à la Bibliothèque nationale, un fragment considérable du manuscrit de l'Histoire des Allobroges d'Aymar du Rivail, que M. du Chesne avait emprunté à M. de Boissieu sans le lui rendre davantage. Holstenius n'en prie pas moins son ami Peiresc de saluer de sa part cet homme excellent et docte, puis il ajoute : « Veuillez aussi lui demander pour
« moi un exemplaire du Recueil des choses ad-
« mirables à entendre, Συναγωγὴν θαυμασίων

« ἀκουσμάτων, d'un certain Satyrus, écrivain dont
« le nom jusqu'ici n'est jamais tombé sous mes yeux
« ou parvenu à mes oreilles, et qu'il m'a assuré
« avoir publié dans son pays en grec avec une
« version latine et des notes. Je ne saurois croire
« qu'un homme de son rang se soit amusé à se
« moquer de moi, et je serois très curieux de voir
« cet ouvrage s'il a paru. En revanche, je lui pro-
« mets d'importantes corrections sur plusieurs
« passages du poème d'Ovide contre Ibis. »

Lucæ Holstenii Epistolæ ad diversos, quas collegit atque illustravit J.-P. Boissonade. Parisiis, 1817, in-8°, pages 480 et 500.

Nous ne sommes pas plus heureux qu'Holstenius: nous n'avons trouvé aucun ouvrage imprimé sous le nom de Satyrus, et, en fait d'histoires merveilleuses, Boissieu n'a publié que ses Silves sur les Merveilles du Dauphiné et l'opuscule de Philon de Byzance sur les sept Merveilles du monde. La question est difficile à résoudre, et l'on est réduit à présumer que le savant allemand n'a pas compris ce que son interlocuteur lui disait, ou que M. de Boissieu n'était pas moins hâbleur en matière d'érudition qu'en matière de généalogie.

23 — *Indult*, terme de jurisprudence canonique, du latin *indulgere*, accorder. C'était, en gé-

néral, une faveur accordée par le Pape à un corps ou à une personne pour faire ou obtenir quelque chose contre le droit commun, comme, par exemple, à un laïque marié, de jouir d'une pension sur un bénéfice ecclésiastique. Il ne s'agissait plus que d'impétrer la pension soit du Roi, soit de tout autre collateur de bénéfices, et cette libéralité du Pape engageait plus, comme on le voit, sa conscience que ses finances. Ces mots, ducats *de Camera* ou de la Chambre, s'employaient pour préciser le montant de l'indult, valeur en cour de Rome.

24 — *Cette épitaphe* est imprimée avec quelques légères différences à la suite des Silves sur les Merveilles du Dauphiné, édition de 1638, in-4°, p. 64.

Voici ce que nous écrit à ce sujet M. Jules de Tourneuf, maire de Vourey :

« Il y a longtemps que le monument élevé à Elizabeth Deageant n'existe plus. Madame la présidente de Saint-Jullien, née Pavée, ayant abandonné la chapelle des Salvaing pour une plus moderne qu'elle avait fait bâtir symétriquement à la chapelle seigneuriale, y avait fait transporter un marbre noir érigé à la mémoire de Charles de Salvaing par Charlotte d'Arces sa veuve et Denis son fils aîné. Je n'y ai vu que ce marbre et pas d'autre monument, à moins qu'il n'y en eût un en face de l'autel, comme paraissait l'indiquer une fresque, figurant deux draperies qui semblaient s'entr'ouvrir pour laisser apercevoir quelque chose. Il n'existait aucune autre trace du monument : avait-il été arraché et détruit en 1793? je l'ignore. En 1830, l'église de Vourey fut agrandie du côté de la chapelle de la famille de Saint-Jullien, qui disparut ainsi. La pierre de Charles de Salvaing, heureusement épargnée, fut replacée plus tard dans sa chapelle par M. de Meffray, héritier de M. Bouvier de Vourey. »

Il existe deux versions de cette épitaphe dans les ouvrages de M. de Boissieu; mais nous la reproduirons ici d'après la copie que M. de Meffray a bien voulu nous envoyer :

P. M.

ET AETERNAE MEMORIAE
CAROLI DE SALVAING GVLIELMI FILII HOMINIS SVPRA
SAGVM ET ENSEM ERVDITI QVI NIMIRVM AD PERITIAM REI
MILITARIS CVI SE MAIORVM INSTITVTO APPLICVERAT
MVLTIPLICEM LITERARVM ATQVE IN PRIMIS LINGVARVM
HEBRAICAE SIRIACAE ARABICAE GRAECAE LATINAE GERMANICAE
HISPANICAE ITALICAE COGNITIONEM ADIVNXERAT QVO NOMINE
LITERATORVM AEVI SVI EX EQVESTRI ORDINE LITERATISSIMVS
AVDIIT. MORTVO VIII IDVS IANVAR ANN. MDCXV
CARLOTA DARCES VXOR ET DIONYSIVS LIBERORVM
NATV MAXIMVS HOC MONVMENTO PARENTARVNT

Quant au buste en marbre de Vizille, qui surmontait le monument élevé à Elisabeth Deageant, la perte en est d'autant plus regrettable qu'il sortait de la main de l'excellent sculpteur Jacob Richer, auquel on doit le mausolée du connétable de Lesdiguières, transporté aujourd'hui, de son château dans la ville de Gap.

25 — *Différent entre M. le comte de Sault et M. de Boissat.* Voici en peu de mots comment se passa cette affaire si triste pour M. de Boissat, et si honteuse pour son adversaire : Pierre de Boissat, gentilhomme de la chambre de Monsieur, frère du Roi et membre de l'Académie française, ayant été invité à un bal que donnait à Grenoble, durant le carnaval de 1637, François de Créquy de Bonne, comte de Sault, chevalier des ordres du Roi et lieutenant-général au gouvernement de Dauphiné, se permit d'adresser, sous le masque, quelques malices à sa femme, Anne de la Magdeleine de Ragny. Comme la comtesse passait pour être fort médisante, il dit, en lui présentant des ciseaux : « qu'il les lui offroit parce qu'elle *découpoit* parfaitement. » Celle-ci, plus habituée à se railler des autres qu'à supporter la moindre raillerie, prit très mal la plaisanterie. Elle porta ses plaintes à son mari qui, partageant son indignation, donna ordre

à ses gardes et à ses valets de joindre le lendemain cet insolent et de le rouer de coups de bâton. C'étaient des manières de grand seigneur, dont la tradition existait encore au temps de la jeunesse de Voltaire. Quoi qu'il en soit, dès que M. de Boissat fut remis des blessures qu'il avait reçues dans ce guet-à-pens, il se hâta de demander au comte réparation de cet indigne traitement. Mais ce fut vainement que ses amis la réclamèrent jusqu'à trois fois; ses appels restèrent sans réponse, et on lui fit entendre qu'un personnage de la qualité de M. le comte de Sault ne se commettait pas avec un homme de sa sorte. Cependant le bruit qu'avait fait cette querelle, à Paris et en province, exigeait qu'elle se terminât de quelque manière, et il fut décidé que le comte de Sault et M. de Boissat remettraient leur différend au jugement de la Noblesse de Dauphiné assemblée à cet effet. Ce jugement, que l'on trouve tout au long dans l'Histoire de l'Académie de Pélisson, soumit le grand seigneur à des réparations dont il fallut bien que l'offensé se contentât, faute de pouvoir en obtenir d'autres. Le comte de Sault, devenu duc de Lesdiguières, poursuivit son heureuse et brillante carrière, tandis que le pauvre gentilhomme, devenu presque fou de chagrin, se confina dans sa ville natale et s'exila pour toujours de Paris et de la Cour où tout souriait à son avenir.

26 — *C'estoient M. le marquis de Bressieu*, etc.

La plupart des gentilshommes cités par M. de Boissieu n'étant désignés que sous leurs noms de terres ou seigneuries, il nous a semblé à propos de donner dans cette note leurs noms de famille :

Bressieu, Louis de Grolée-Meuillon, marquis de Bressieu, comte de Ribiers, premier écuyer de la reine Marie de Médicis;

Sassenage, Gaspar Bérenger, baron de Sassenage, marquis du Pont;

De Chatte ou *de Chaste*, branche éteinte de la maison de Clermont, en Dauphiné;

Montellier, c'est le nom d'une terre appartenant alors à la maison de Bérenger-Sassenage, et aujourd'hui à M. de Monteynard;

De la Charse ou *de la Charce*, branche de la famille, connue autrefois en Dauphiné sous le nom de La Tour — de La Charce — de Gouvernet — de Montauban, et aujourd'hui, sous celui de La Tour-du-Pin qu'elle a joint au sien vers la fin du siècle dernier;

D'Entremons, de la famille Bon, substituée au nom et armes de l'ancienne maison de Montbel d'Entremonts;

De Saint-Julin ou *Julien*, du nom de la Poype, ancienne et puissante maison, sur le point de s'éteindre en la personne du lieutenant-général, comte de la Poype;

De Paris, branche de la maison d'Urre;

De la Bastie-Montsaléon, terre de la maison de Flotte, moins célèbre parmi les généalogistes que parmi les archéologues, sous son nom latin de *Mons Seleucus*. Elle passa dans la suite, par le mariage de Marie-Anne de Flotte, héritière de sa branche, au père de Joseph de Bimard, connu dans le monde savant sous le nom de baron de la Bâtie;

De la Marcousse, de la maison de Chissé, originaire de Sallanches, et dont il y avait des branches établies en Savoie, en Dauphiné et en Bourgogne;

De Lestang, du nom de Murat;

De Montferrier, du nom de Dorgeoise, famille de Voiron;

De Bardonenche ou *Bardonesche*, ancienne maison qui, d'après des titres certains, tenait un rang considérable dans le Briançonnais dès l'an 1219.

27 — *Anne de la Baume, comte de Suze et de Rochefort, baron de Lupé, de Saint-Jullien*, etc., d'une maison célèbre dans l'histoire de Dauphiné sous le nom de La Baume-Suze, et dont l'héritière a porté, vers le commencement de ce siècle, le château de Suze-la-Rousse dans l'ancienne famille des Isnards.

Laurent d'Urre-Brottin, seigneur de *Montanègue, Paris, Saint Nazaire*, etc. Cette maison tire son nom de la terre d'Urre au diocèse de Valence en Dauphiné qu'elle possédait au douzième siècle. Très nombreuse autrefois et dévouée à la carrière des armes, elle a fourni des lieutenants-généraux de province, des gouverneurs de ville, des ambassadeurs, et plusieurs commandeurs et chevaliers de l'ordre de Malte.

28 — *M. de Langes.* C'était André de Langes, avocat au Parlement de Grenoble, fils de Louis de Langes, sieur de Montmirail, annobli par lettres du prince d'Orange du 3 septembre 1583, renouvelées avec annoblissement en tant que de besoin par le roi Louis XIII, au mois d'août 1610, et vérifiées au Parlement de Grenoble, le 12 décembre 1611.

M. de Revol, seigneur de la Buissière, d'une famille du Viennois, annoblie au seizième siècle en la personne d'Antoine, frère de Louis de Revol, secrétaire d'Etat sous Henri III. Elle a produit des personnages distingués dans les armes et dans les lettres, deux évêques de Dol et un évêque d'Oléron.

M. de Louvat, fils de Jean Louvat, annobli l'an 1623, et dont le nom n'est point écrit de même, dans les Nobiliaires, que celui de l'ancienne famille de Lovat de Lupé et de Barbéron, avec laquelle M. de Boissieu paraissait craindre qu'on ne le confondît.

29 — Règlement fait par le Roi entre les trois Ordres de Dauphiné le 24 octobre 1639, rapporté page 286 de l'Usage des Fiefs, du président de Boissieu; 3ᵉ édition, 1731, in-fol.

30 — Dans l'Histoire des grands officiers de la Couronne, t. VII, p. 646, Généalogie de la maison de Bouton, on lit ce qui suit : « Hérard Bouton, seigneur de Saint-Léger et de Denevy, né le 23 décembre 1605, capitaine au régiment d'Enghien en 1635, mourut en 1636 au château de Mauvilly, sans enfants d'Elizabeth de Villers-la-Faye, sa femme, qu'il avoit épousée le 22 janvier 1633, et laquelle se remaria à Denis de Salvaing, seigneur de Boissieu, premier président de la Cour des comptes à Grenoble. »

31 — Pierre le Goux *de la Berchère*, premier président du Parlement de Bourgogne en 1630 par la résignation de son père, fut exilé à Saumur pour sa résistance aux exigences de la Cour, rétabli en 1644 après un glorieux ostracisme, et enfin transféré à Grenoble en la même qualité. Il mourut dans cette ville le 29 novembre 1653, et eut pour successeur Denis le Goux de la Berchère, son frère.

32 — *Gratet du Bouchage*, famille de Dauphiné, annoblie dans le courant du seizième siècle, et considérable par ses alliances, les charges qu'elle a occupées et les services qu'elle a rendus depuis cette époque jusqu'à nos jours. La branche de Dolomieu a donné un géologue célèbre en la personne de Déodat Gratet, marquis de Dolomieu, chevalier de l'ordre de Malte, membre de l'Institut, décédé le 26 novembre 1801.

33 — Le président de Boissieu dit que sa fille Christine, marquise de Sassenage, morte le 24 janvier 1668, laissa un fils et cinq filles, etc.

Le fils, *Joseph-Louis-Alphonse*, né le 24 avril 1652, mourut sans laisser d'enfant de son mariage avec Justine Prunier de Saint-André, qu'il avait épousée le 26 avril 1682.

Catherine-Thérèse fut mariée, comme on le verra plus loin, au comte de Maugiron.

Françoise épousa, le 9 juillet 1684, Jules, marquis de Fortia, de la maison de ce nom, éteinte récemment en la personne du marquis de Fortia d'Urban, si connu par la quantité de ses productions littéraires.

34 — *François de Maugiron*, qui épousa Angé-

lique-Catherine-Thérèse de Sassenage, prenait les titres de comte de Monléans, baron de Pierregourde, seigneur de Beauvoir-de-Marc, du Molard, Plan, Varassieu, Châteaubourg et autres places, conseiller du Roi, grand bailli du Viennois.

Cette maison de Maugiron, dans laquelle était venue se fondre l'antique et puissante maison de Beauvoir, a pendant des siècles tenu le premier rang à Vienne, où elle jouissait de remarquables priviléges. Après avoir produit plusieurs générations de guerriers distingués, et donné des lieutenants-généraux à la province, elle s'éteignit en la personne de Louis-François, comte de Maugiron, lieutenant-général des armées du Roi, mort à Valence le 15 mars 1767. Ce dernier rejeton mâle de sa maison avait épousé, le 8 octobre 1740, Marie-Françoise de Sassenage, dont il n'eut qu'une fille, mariée à Anne-Jean-Baptiste-Emilie Rouault, vicomte de Gamaches.

Marie-Françoise de Sassenage, restée veuve à l'âge de quarante-cinq ans, se remaria le 23 août 1768 avec un gentilhomme de Bretagne, Armand-Sébastien de Bruc. Ce second mari n'avait que trente ans, et l'on voit dans les correspondances du temps que la société parisienne se divertit beaucoup de cette union ridicule.

Le comte de Maugiron était un franc épicurien, que la passion effrénée du plaisir avait jeté, dès sa première jeunesse, dans des débauches excessives dont les suites l'enlevèrent avant l'âge. Il était tombé malade chez l'évêque de Valence, son parent. Comme la maladie prenait une tournure sérieuse, tout le clergé de la cathédrale s'apprêtait à lui donner le saint viatique avec la plus grande solennité. Pendant que l'on faisait les préparatifs de la cérémonie, le comte dit à son médecin qui était au chevet de son lit : « Je vais bien les attraper : ils croient me tenir, et je m'en vais. » Il se tourna de l'autre côté, et passa.

Voici les vers qu'il fit une heure avant sa mort :

<blockquote>
Tout meurt, je m'en aperçois bien.
Tronchin, tant fêté dans le monde,
Ne sauroit prolonger mes jours d'une seconde,
Ni Daumart en retrancher rien.
Voici donc mon heure dernière ;
Venez, bergères et bergers,
Venez me fermer la paupière.
Qu'au murmure de vos baisers
Tout doucement mon âme soit éteinte.
Finir ainsi dans les bras de l'amour,
C'est du trépas ne point sentir l'atteinte,
C'est s'endormir sur la fin d'un beau jour.
</blockquote>

Ce Daumart (ou plutôt Daumont) était un médecin de Valence, d'après une note de la Correspondance de Grimm, dont on reconnaîtra l'esprit irréligieux dans les détails qui précèdent.

Le château d'Ampuis, résidence ordinaire des Maugiron, fut acquis par l'aïeul du marquis Claude de Harenc de la Condamine, qui le possède aujourd'hui. On voit encore dans une salle du vieux manoir le portrait en pied de Louis de Maugiron, tué à l'âge de dix-huit ans dans ce fameux duel de trois contre trois qui eut lieu, le 27 avril 1578, entre les mignons de Henri III et les affidés de la maison de Lorraine. Il est remarquable par le naturel de la pose, la perfection des détails, et ne peut sortir que de la main d'un des plus habiles peintres de l'époque. On y trouve aussi, mais d'une exécution moins parfaite, le portrait de Bayart, dont quatre Maugiron avaient été les dignes compagnons d'armes.

35 — Laurent-Barthélemi *de Bressac*, docteur en théologie et aumônier du Roi, que la Biographie Universelle nomme mal à propos Brassac, a composé plusieurs oraisons funèbres dont nous ne connaissons que celle de François de Bonne de Créquy, duc de Lesdiguières, prononcée et imprimée à Grenoble en 1677. Il est encore auteur d'un recueil en vers, intitulé : Caractères Chrestiens, ou Dieu et le Monde, avec leurs expressions; Grenoble, 1668, in-12. L'abbé de Bressac était de Valence, où il existe encore une famille de ce nom.

ECLAIRCISSEMENT

sur les armoiries, le cry de guerre, etc.,

DE LA MAISON DE SALVAING.

Extrait d'un Manuscrit de Philibert Lebrun, cité par le P. Lelong, N. 37937 de la nouvelle édition de la Bibliothèque historique de la France, et conservé à la Bibliothèque de la ville de Lyon, N. 800 du Catalogue des Manuscrits de cette Bibliothèque, donné par A.-F. Delandine, 1812, 3 vol. in-8°.

Nous avons dit que les rares qualités et le mérite incontestable de M. de Boissieu n'avaient été obscurcis que par son ridicule entêtement pour l'antiquité et la grandeur de sa famille. C'est le sujet sur lequel s'est exercée la plume mordante de Philibert Lebrun dans le Mémoire que nous allons reproduire. Mais il nous a semblé convenable à l'intelligence de ce factum, de le faire précéder de l'Inventaire des prétentions de Salvaing de Boissieu, dressé par un homme qui passe pour avoir été ce qu'on appellerait aujourd'hui son éditeur responsable.

AYMON DE SALVAING SEIGNEVR DE BOISSIEV,

Surnommé le Chevalier Hardy. — 1505.

EPITRE DEDICATOIRE

de l'Ouvrage intitulé :

RECVEIL DE PLVSIEVRS PIECES ET FIGVRES D'ARMOIRIES, OBMISES PAR LES AVTHEVRS QVI ONT ESCRIT IVSQVES ICY DE CETTE SCIENCE. BLASONNEES PAR LE SIEVR VVLSON DE LA COLOMBIERE, DAVPHINOIS, SVIVANT L'ART DES ANCIENS ROYS D'ARMES. AVEC VN DISCOVRS DES PRINCIPES ET FONDEMENS DV BLASON, ET VNE NOVVELLE METHODE DE COGNOISTRE LES METAVX ET COVLEVRS SVR LA TAILLE-DOVCE. Paris, Melchior Tavernier, 1639, pet. in-fol.

A Messire Denys de Salvaing, chevalier seigneur de Salvaing et de Boissieu, conseiller du Roy en ses Conseils d'Estat et Privé.

MONSIEVR,

Ie ne me trouue pas en la mesme peine où ie vois la pluspart des Escriuains de ce temps, à faire le choix d'vn grand homme à qui ie dedie mon Ouurage, et qui luy donne l'authorité dont il a besoin, pour passer auec creance sur le theatre de la France. Vous vous estes acquis vne si grande estime parmy ceux qui se meslent de ce que i'y traite, que vostre seul adueu suffiroit pour toutes les raisons qu'il m'y faudroit employer; mesme quand on sçaura que ie n'y ay rien mis que ce que i'en ay appris dans l'honneur de vostre conuersation. Ie suis asseuré que les plus versez aux Blazons des Armoiries donneront de bon cœur les mains à ce petit recueil que i'expose au public. Et à dire le vray ie n'eusse iamais eu cette hardiesse, si ie n'eusse veu comme tous les Maistres de ceste science vous deferent et confessent auec moy que vous n'estes pas moins grand par l'ignorance de la pluspart de ceux qui s'en meslent que par vostre propre intelligence. Vostre grand genie, vostre illustre sçauoir et vostre glorieuse naissance vous ont porté dans cette estude auec de si grands succés que vous auez esté iugé capable de decider les plus difficiles questions qui se proposoient tous les iours sur cette science. Comme il est des esprits qui ne naissent que pour la mechanique, il en est aussi qui ne sont produits que pour les hautes sciences. Vous auez donné de si grandes preuues de la bonté de vostre esprit dés qu'on vous a fait voir le tableau vniuersel des sciences, que vous auez rauy en admiration ceux qui en auoient esté vos Maistres : mais vous vous estes attaché auec vne si particuliere inclination à ces belles recherches, qui sont les vrays objets des grands hommes, que vous auez bien tesmoigné que vous estiez sorty d'vne semence illustre. Aussi estes-vous issu d'vne maison laquelle a tousiours esté considerable par son extraction, par ses alliances et par ses faits. Quant à l'extraction, s'il en est de mesme de l'origine de la Noblesse que de la source du Nil, qui est d'autant plus estimée qu'elle est inconnuë : il y a peu de familles dans le Royaume, de celles dont la fortune a esté priuée, qui doiue pretendre sur la vostre l'auantage de l'ancienneté ; puis que les anciens tiltres nous enseignent que dés l'année mille douze Messire Aymon qualifié Cheualier, duquel vous prenez vostre descendance positiuement de pere en fils par dix-sept generations, estoit seigneur de quatre terres, dont il y en a deux qui sont encore aujourd'huy possedées par l'aisné de la maison, qui est Monsieur le Baron de Coudrée en Sauoye : ce qui seroit capable de conuaincre d'erreur l'vn des beaux esprits du siecle passé, qui a soustenu dans quelqu'vne de ses œuures, que rarement les mesmes biens demeurent dans vne famille durant cinq generations, plus rarement durant sept, et iamais au-delà de neuf : Estant certain qu'Alinges et Saluaing (qui par corruption s'appelle vulgairement Seruant) auprès de Genéue, estoit de l'ancien patrimoine de vostre maison : qui fut diuisée en deux branches enuiron l'an mil cent, dont l'vne ayant pris le nom du fief de son partage qui fut Alinges, s'est arrestée au lieu de son origine, où elle iouyt encore d'vne partie des mesmes biens qu'elle possedoit alors : et l'autre ayant herité de Saluaing, dont elle s'appropria le nom, suiuant la coustume du temps, fut attirée par les Dauphins de Viennois dans leurs Estats, où elle a tousiours conserué sa splendeur. Pour ce qui est des alliances, comme les grandes ont tousiours esté les principales marques qui acquierrent aux familles la reputation d'illustres, et qu'au contraire les basses et viles en flaitrissent le lustre et rendent la Noblesse qu'elles infectent aucunement imparfaite. D'où vient qu'en tous les ordres de Cheualerie et en beaucoup d'Eglises Collegiales, non seulement la preuue de la Noblesse Paternelle est requise, mais encore des Meres, des Aycules et des Bisayeules : Vous pouvez dire sans vanité, que vostre Maison est de la nature de ces Riuieres qui ne peuuent souffrir le meslange d'aucunes eaux impures. Car, sans parcourir toutes vos Aycules l'vne apres l'autre, ie me contenteray d'en remarquer quelques-vnes dont le nom est connu à toute l'Europe. Guiffrey de Saluaing, vostre neufiesme ayeul, s'allia de la Maison illustre de Saluces, par le moyen de Marguerite fille de Henry de Saluces,

Marquis de Sagone, qu'il espousa enuiron l'année mil deux cens : Hugues son fils prit Odette sa femme dans la maison des Contes de la Chambre en Sauoye, qui a tousiours esté si considerable, que les Souuerains ne l'ont pas iugée indigne de leur alliance. Aymon, fils d'Hugues, espousa Beatrix de Clermont, fille de Geoffroy de Clermont, premier Baron de Dauphiné, et de Beatrix de Sauoye, fille de Louys de Sauoye Baron de Vaux, frere d'Amé, quatriesme Conte de Sauoye : Pierre fils de celuy-là merita l'alliance de la maison de Poitiers, par le moyen de Sibylle de Poitiers sa femme, fille d'Amedée de Poitiers, Conte de Sainct-Vallier, et de Jeanne de Sauoye, fille de Thomas de Sauoye Prince d'Achaïe. Et sans remonter si haut, Madame vostre Mere Charlotte d'Arces est fille de Messire Jean seigneur d'Arces, chef de cette ancienne maison en Dauphiné, qui a donné des Cardinaux au Sainct-Siege, des Lieutenans generaux aux Armées et aux Prouinces, et des alliances aux principales maisons de France : et de Marguerite de Comboursier, sœur de Messire Balthazar de Comboursier seigneur du Monestier, Lieutenant general de l'armée commandée par Monsieur de Nemours, et tante de Messire Louys de Comboursier seigneur du Terrail, dont les entreprises hardies sur les villes de Bergopzoon et de l'Escluse en Hollande, et sur Genéue, tesmoignent la grandeur de son courage. Et vous, Monsieur, auez suiuy les traces de vos Ancestres, quand vous auez pris l'alliance de Messire Guichard Deagent, Cheualier, sire de Bruslon, Baron de Viré, Conseiller du Roy en ses Conseils, et premier President en sa Chambre des Comptes de Dauphiné; lequel ayant esté employé par sa Majesté aux plus importantes affaires de cet Estat, a merité cette concession dont elle l'a honoré par Lettres enregistrées au Parlement, de charger l'Aigle ancienne de ses Armoiries d'vn Escusson d'azur à la fleur de lys d'or : En quoy ie ne puis assez admirer la conioncture de cette alliance, puis que vous et Madame vostre femme Elizabeth Deagent portez l'vn et l'autre, non seulement vne Aigle de sable esployée, mais encore des fleurs de lys données par nos Roys à vos deux maisons pour recompense des seruices qu'elles ont rendus à la Couronne. Quant aux faits et exploits genereux de vos Ancestres, il me suffiroit de dire que la pluspart d'eux estans qualifiez Cheualiers, c'est vne marque qu'ils se sont signalez par quelques belles actions, puis que c'est vne qualité qui n'est pas naturelle, mais acquise, et qui ne se donnoit autresfois qu'à ceux qui auoient rendu des preuues de leur valeur en quelque bataille, comme sçauent ceux qui sont versez en l'Histoire. Il me suffiroit d'alleguer cet ancien cry de vostre maison, *A Sal-*

uaing le plus Gorgias, qui marque le courage et la proüesse de vos Ancestres : ou bien de rapporter la disposition testamentaire de Messire Aymon de Saluaing vostre cinquiesme ayeul qui a chargé expressement tous ses descendans en ligne masculine, de porter en Banniere du noir et du bleu, ce qui monstre que non seulement la guerre estoit leur principal exercice, mais encore qu'ils auoient droit de leuer Banniere. Mais ie ne sçaurois taire sans trahir leur gloire, que dés l'an mil deux cens quatre-vingts cinq, Guiffrey de Saluaing, Cheualier de l'Ordre des Templiers, frere d'Hugues vostre troisiesme ayeul, fut iugé digne de la charge de grand Maistre de son Ordre, à laquelle il fut esleué pour le zele qu'il auoit au bien de la Chrestienté, pour sa longue experience au fait des armes, et pour la grande sagesse et admirable conduite qu'il auoit fait paroistre en toutes ses actions et en tous ses exploits. Ie ne sçaurois taire que Pierre vostre sixiesme ayeul, homme de grand credit dans le conseil de Humbert Dauphin, le dernier de nos Princes, fut l'vn des principaux autheurs du transport du Dauphiné fait en faueur des fils aisnez de France, pour recompense de quoy le Roy Philippes de Valois, par concession expresse, luy permit d'adjouster à ses Armes vne bordure de France. Ie ne sçaurois non plus passer sous silence qu'Aymon vostre bis-ayeul, surnommé le Hardy, de ses compagnons, pour le grand courage qu'il auoit tesmoigné dés son ieune âge aux joustes, tant à fer esmoulu qu'à lance mornée, signala sa valeur au combat des vnze François contre autant d'Espagnols, qui furent vaincus deuant la ville de Trane au Royaume de Naples l'an mil cinq cens deux, du nombre desquels fut ce fameux Cheualier Bayard, sans peur et sans reproche, dont cet Aymon estoit proche parent, par le moyen de Catherine Terrail de Bayard son aycule. Ie ne sçaurois dissimuler que Guillaume vostre ayeul eust tant d'experience à la guerre, qu'à l'âge de vingt-six ans il estoit Lieutenant de la Compagnie d'Ordonnance de Monsieur de Boutieres, laquelle n'estoit composée que de Gentils-hommes, et fit de si grands faits d'armes en la bataille de Cerisoles, qu'en ayant rapporté quatre blessures, il merita d'estre fait Cheualier de l'Ordre par François premier. Ie ne sçaurois obmettre que Pierre de Saluaing, cousin germain de Monsieur vostre Pere, n'excellant pas moins aux vertus politiques qu'aux militaires, apres auoir eu des charges considerables dans la guerre, fut employé en diuerses Ambassades par Philbert Emanuel et Charles son fils, Ducs de Sauoye, au seruice desquels il fut inuité par de grands appointemens. Enfin Charles de Saluaing vostre pere se presente à moy, qui ayant marié la connoissance exacte de l'art militaire à celle des langues et des belles lettres (apres auoir donné à chacun de Messieurs vos freres l'employ dans l'Eglise ou dans les armes, tel qu'il a creu estre de leur genie,) et vous ayant entierement destiné à celle-cy, a tellement obligé la France qu'elle en conseruera à iamais la memoire, et nous aurons occasion de loüer son choix et admirer les productions de vostre esprit: Car y a-t-il rien de plus nouueau que de voir un Gentilhomme à l'âge de vingt-vn ans expliquer si clairement ce difficile poëme d'Ouide, qui a conuaincu d'ignorance la pluspart de ceux qui s'y sont trauaillez? Et vous l'auez fait; assigner vne origine à toutes les merveilles du Dauphiné qui esbloüissoient les esprits des hommes et ne leur permettoient point d'en descouvrir les causes, et vous l'auez fait; ne laisser passer aucune action illustre de ceux de vostre connoissance sans eloge, et vous l'auez fait. Et enfin comme vous estes vous porté dans la charge de Lieutenant general de Graisiuaudan? Il faut aduoüer que vous l'auez exercée durant quatre années, auec tant d'assiduité, tant d'intégrité, de generosité et d'estime, que la Prouince souspire encore de ce que vous l'auez si-tost quittée : Mais comme vostre destinée ne vous y pouuoit laisser plus long-temps, il vous falloit vn employ plus esclatant, et que vostre eloquence allast paroistre de la part du plus grand Roy de la terre, en la presence du Pape, dans la ville capitale du monde. Toute la France a veu que Louys le Iuste vous est allé choisir dans les extremitez de son Royaume, en vn temps où l'eloquence regne auec tant de pureté dans sa Cour, pour aller porter la parole de son obedience à sa Saincteté, dans cette Ambassade extraordinaire où Monsieur le Duc de Crequy parut auec tant de magnificence. Il sçauoit bien qu'en ces occasions on ne recherche pas seulement un Orateur, mais qu'on demande que cet Orateur ait encore de grandes vertus. Il sçauoit bien que ses predecesseurs y auoient employé les sieurs de Pins, Conseiller au Parlement de Tholose, et depuis Euesque de Rieux : de l'Hospital, depuis Chancelier de France, de Pybrac, de Muret, et de Bressieux, tous personnages de grand sçauoir et de haute reputation. Que si par cet illustre choix vous auez donné des preuues de vostre eloquence, vous en auez bien donné autant de vostre prudence, ayant soustenu auec fermeté les termes auantageux, et neantmoins tres-veritables, dont vous vsastes en l'action de l'obedience touchant la gloire du Roy, lesquels on vous voulut contester; et ayant éuité les paroles qui pouuoient induire le moins du monde aucune dependance de cette Couronne : Chacun sçait les obstacles qu'on vous y apporta, et qui furent tels qu'ils retarderent pour quinze iours cette celebre ceremonie, mais qui ne r'allentirent point vostre vigueur au recit de vostre Harangue que vous prononçastes auec tant de hardiesse, que le Pape en ayant tesmoigné quelque estonnement à Monsieur le Duc de Crequy, il luy repartit, que sans doute elle prouenoit de ce que vous ne voyez dans cette grande Assemblée aucun qui fut de meilleure naissance que vous; sa Saincteté seule exceptée, de laquelle vous auez tousiours receu le mesme accueil qu'elle a accoustumé de faire aux Residens des Princes prés de sa personne: Et tout ce que ses predecesseurs ont fait de grand et d'extraordinaire pour tous les Orateurs qui ont fait de pareilles actions, n'égale point ce qu'il a fait d'extraordinaire pour vous: Aussi ne fustes vous pas seulement employé à faire cette Harangue en qualité de simple Orateur, mais vous eustes encore part en beaucoup de negociations qui se deuoient faire par Monsieur le Duc de Crequy. Ce fut vous de qui sa Saincteté et les Venitiens conuindrent pour vous porter sur les lieux dont ils sont en contention, touchant les relaissées du Po, entre Loreo et l'Ariane, afin d'en faire le rapport au Roy : ce que vous auez executé si iudicieusement que les vns et les autres en sont demeurez entierement satisfaits. Et à cet effet en partant de Rome vous fustes deffrayé dans tous les Estats du Pape, et regalé dans la pluspart de ceux des Princes par où vous passastes; ce qui donna vne telle ialousie aux

Espagnols, qu'ils en firent plainte à sa Saincteté par leur Ambassadeur, luy remonstrant que leur Orateur n'auoit pas esté receu ny accueilly de la sorte. En fin vous estes reuenu dans la France, ayant fait voir à tout le monde que vous auez tous les auantages necessaires pour vous acquiter dignement des grandes affaires, et pour conseruer vostre reputation où beaucoup d'autres l'ont perdue : aussi le Roy pour tesmoigner qu'il estoit bien satisfait de vos services vous honnora, de sa propre bouche, de la dignité de son Conseiller d'Estat; et il fut remarqué que vous estiez le plus ieune de tous ceux qui estoient alors revestus de cette qualité. I'outrepasserois les limites d'vne lettre et blesserois vostre modestie, si i'adjoustois icy tous les sentimens que les bons Esprits ont de vous, et tous les presages qu'ils font de vostre fortune : Ie me contenteray de vous supplier tres-humblement de me continuer l'honneur de vos bonnes graces, de proteger cet ouurage, comme produit par les rayons que vous auez inspirés dans mon esprit, et de me croire,

   MONSIEVR,

      Vostre tres-humble et tres-
      obeïssant serviteur,

      VVLSON LA COLOMBIERE.

LA SCIENCE HEROIQVE, TRAITANT DE LA NOBLESSE, DE L'ORIGINE DES ARMES, ETC. ETC. AVEC LA GENEALOGIE SVCCINCTE DE LA MAISON DE ROSMADEC EN BRETAGNE; LE TOVT EMBELLY D'VN GRAND NOMBRE DE FIGVRES EN TAILLE-DOVCE, SVR TOVTES CES MATIERES. PAR MARC DE VVLSON, SIEVR DE LA COLOMBIERE, CHEVALIER DE L'ORDRE DE SAINT-MICHEL, ET GENTILHOMME ORDINAIRE DE LA MAISON DV ROY. Paris, Sébastien et Gabriel Cramoisy, **1644**, in-folio *, p. **321**.

SALVAING en Dauphiné, porte d'or, à l'aigle à deux testes de sable, membré, becqué et diadémé de gueules, à la bordure d'azur, semée de fleurs-de-lis d'or, qu'on blasonne autrement, de l'Empire à la bordure de France. Cette maison, illustre par son ancienneté, par les fiefs qu'elle a possédez, par les alliances qu'elle a prises, et par les belles actions qu'elle a faites, tire son origine des anciens comtes d'Alinge en Savoye, dont les titres ont conservé la mémoire d'un Aymon seigneur d'Alinge, de Salvaing, de Servette et de Bellerive, chevalier qui vivoit environ l'an 1012, qui est la tige de la généalogie de cette maison que j'ay moy-mesme recueillie des archives de Mon-

---

* Il y a une seconde édition, Paris, 1669, in-fol., « revue, corrigée et augmentée des Armes de plusieurs illustres maisons, » mais de laquelle a été retranchée la généalogie de Rosmadec.

sieur de Boissieu, dont je feray mention cy-après. La voicy par l'ordre des temps :

AYMON I, seigneur d'Alinge et de Salvaing, etc., chevalier, l'an 1012.

AYMON II, seigneur d'Alinge et de Salvaing, chevalier, l'an 1045.

AYMON III, seigneur d'Alinge et de Salvaing, chevalier, l'an 1074.

RAYMOND, seigneur de Salvaing et de Bellerive, chevalier, l'an 1102.

AYMON IV, seigneur de Salvaing, chevalier, et Beatrix Eynard, l'an 1127.

AYMON V, seigneur de Salvaing, chevalier, et Anne de Chasteauneuf, l'an 1152.

AYMON VI, seigneur de Salvaing et de Boissieu, chevalier, et Magdeleine Bérenger, l'an 1180.

GUIFFREY de Salvaing, seigneur de Boissieu, chevalier, et Marguerite de Saluce, l'an 1217.

HUGUES de Salvaing, seigneur de Boissieu, chevalier, et Odette de la Chambre, l'an 1281.

AYMON VII de Salvaing, seigneur de Boissieu, chevalier, et Beatrix de Clermont, l'an 1340.

PIERRE de Salvaing, seigneur de Boissieu, chevalier, et Sibylle de Poictiers, l'an 1380.

AYMON VIII de Salvaing, seigneur de Boissieu, chevalier, et Claudine Allemand, l'an 1429.

ARTHAUD de Salvaing, seigneur de Boissieu, chevalier, et Catherine Terrail, l'an 1492.

FRANÇOIS de Salvaing, seigneur de Boissieu, chevalier, et Isabelle d'Avalon, l'an 1500.

AYMON IX de Salvaing, seigneur de Boissieu, chevalier, et Catherine Marc, l'an 1546.

GUILLAUME de Salvaing, seigneur de Boissieu, chevalier, et Françoise du Chesne, l'an 1580.

CHARLES de Salvaing, seigneur de Boissieu, chevalier, et Charlotte d'Arces, l'an 1614.

DENIS de Salvaing, seigneur de Boissieu, chevalier, et Elizabeth Deageant, et après elle Elizabeth de Villers La Faye, l'an 1644.

Ils se sont presque tous signalez dans les emplois qu'ils ont eus, et entre autres Guiffrey de Salvaing, seigneur de Boissieu, homme de considération sous André, Dauphin de Viennois, auquel il vendit tout ce qui luy appartenoit en la terre de la Buissière, en la valée de Grezivaudan en Dauphiné, à la réserve du chasteau et de la seigneurie de Boissieu, par acte de l'an 1225, dont l'original est dans la Chambre des comptes de Grenoble, auquel pendent les sceaux du Dauphin et de ce Guiffrey, qui fut père d'Hugues, qui soumit le premier le chasteau de Boissieu à l'hommage du Dauphin, qu'il tenoit auparavant en franc alleu; et d'un autre Guiffrey qui fut grand maistre de l'ordre des Templiers, environ l'an 1285. Aymon VIII de Salvaing, seigneur de Boissieu, fut arrière-fils de cet Hugues, et mourut des blessures qu'il avoit reçeues en la bataille d'Anton, après avoir fait son testament un an auparavant, sçavoir l'an 1429, par lequel il chargea ses deux fils Artaut et Jean et leurs descendans en ligne masculine légitime, de porter en bannière du noir et du bleu, et faire porter à leurs pages et autres valets une manche de velours noir et bleu, pour un tesmoignage perpétuel de l'affection qu'il avoit pour ces deux couleurs (qui estoit l'une des passions de nos ancestres, comme nous lisons des deux comtes de Savoye, dont l'un fut surnommé le comte Rouge, et l'autre le comte Vert, à cause des livrées qu'ils aimoient); ce qui a esté continué de père en fils jusques à Monsieur de Boissieu, à qui le feu Roy en octroya des patentes dérogatoires aux défenses faites par ses Edits de l'usage du velours sur les habits des pages et des laquais : remarque dans une famille privée dont j'ay crû devoir faire part aux curieux de pareilles choses, pour montrer que nos pères n'estoient pas seulement désireux de faire paroistre leurs Blasons en leurs Escus, en leurs cottes-d'armes, aux littres et paremens funèbres de leurs sépultures et obsèques, aux pennonceaux de leurs terres et de leurs maisons, aux couvertures des chariots, mulets et chevaux de bagage et en d'autres sujets semblables ; mais aussi de perpétuer leurs livrées aux bannières de guerre et aux habillemens de leurs domestiques. Mais pour retourner à mon sujet, et sans remonter aux siècles éloignez du nôtre : Aymon IX de Salvaing s'est fait renommer dans l'histoire pour avoir esté l'un des chevaliers qui accompagnoient Antoine d'Arces, surnommé le chevalier Blanc, avec Imbaud Rivoire, seigneur de Romanieu, et Gaspar de Montmaur, seigneur d'Aix, aux voiages qu'ils faisoient comme les anciens paladins, en Angleterre, en Espagne, en Escosse et en Portugal, pour défier les plus vaillans de ces Roiaumes à combattre à fer émolu, ou à lance mornée, suivant les articles du cartel qu'ils appelloient Emprise, que je rapporteray au long en un autre endroit. Le mesme Aymon de Salvaing fut l'un des onze François (parmi lesquels estoit le fameux chevalier Bayard, son cousin germain du costé maternel), qui se batirent contre autant d'Espagnols devant la ville de Trane au roiaume de Naples, l'an 1502. Guillaume son petit-fils, chevalier de l'ordre du Roy et lieutenant de la compagnie d'ordonnance du chevalier de Boutières (qui selon la mode de ce temps-là estoit toute composée de gentilshommes), s'acquit aussi beaucoup de réputation en la bataille de Cerisoles, dont la principale gloire fut attribuée à cette compagnie. C'est l'ayeul de Messire Denis de Salvaing, chevalier, seigneur de Salvaing et de Boissieu, conseiller du Roy en son Conseil d'Estat, et premier président en sa Chambre des comptes de Dauphiné, homme d'une rare éloquence en l'une et en l'autre langue, d'un éminent sçavoir, d'un génie merveilleux, et digne d'une plus haute charge; qui fut choisi par le feu roy Louis XIII dans les extrémitez de son Roiaume, pour estre son orateur en l'ambassade de l'Obédience à Rome, où il mérita de grands éloges de sa Sainteté, qu'il avoit eu l'honneur de voir souvent en particulier, et de tout le sacré Consistoire. Cette maison a pour cimier de ses armes un aigle naissant d'or à deux testes, aux becs ouverts, de l'un desquels sort un rouleau, avec ce cri de guerre, *A Salvaing le plus Gorgias!* et de l'autre cette devise: *Que ne ferois-je pour elle!* pour supports deux aigles d'or aux testes contournées, chacun tenant avec son bec une bannière de gueules, à la croix d'or.

ECLAIRCISSEMENT

SUR LES ARMOIRIES, LE CRY DE GUERRE, &c.

DE LA MAISON DE SALVAING

L y a peu d'endroits de l'histoire de Dauphiné qui ait plus besoin d'éclaircissement que ce que le président de Boissieu s'est efforcé en toute manière de persuader au public à l'avantage de sa maison, à qui il a donné en mesme temps les armes de l'Empire et la bordure de France, un cry de guerre tel qu'il luy a plu, et plusieurs autres priviléges sans autre fondement que l'entestement ridicule qu'il avoit de la noblesse de sa maison, qu'on ne peut disconvenir être d'ancienne noblesse, mais assez obscure et dont le plus grand lustre a été le président de Boissieu lui-mesme. Celuy-ci n'étant pas content

de ce que l'histoire ne dit rien de ses ayeux, a cru les dédommager de cette perte par les fables qu'il a répandues dans l'histoire mesme; ce que je m'en vais tâcher d'éclaircir le plus brièvement qu'il me sera possible, faisant remarquer les moyens dont ce président s'est servi pour imposer au monde sur le chapitre de sa maison.

I. MOYEN.

Le président de Boissieu, quoyque auteur de la Science héroïque, a bien voulu que Vulson de La Colombière passast pour auteur de cet ouvrage.

Il y a peu de personnes en cette province, un peu versées dans l'histoire du pays, qui ignorent que le président de Boissieu ne soit l'auteur de l'ouvrage qui a pour titre La Science héroïque. Quelque intérêt qu'il eût de le cacher, il n'a pu lui-mesme le dissimuler dans l'Elégie qu'il a mise au commencement du bel ouvrage qu'il a fait de l'Usage des Fiefs et autres droits seigneuriaux. Voicy comme il parle en cette Elégie, qui est une sorte d'abrégé de sa vie :

Ars quoque detinuit mirâ dulcedine captum,
 Stemmata nobilium quæ generosa docet.
Hanc ego restitui densâ caligine tectam,
 Et quæ defuerant nomina vera dedi.

De La Colombière, parlant du président de Boissieu, l'appelle très docte et très savant en toutes les sciences, et particulièrement au Blason et aux Généalogies, où il excelle pardessus tous ceux de notre siècle. Or, comme dans cet ouvrage il veut établir ce qu'il s'étoit imaginé à la gloire de sa maison, il n'en eût pas été cru sur parole, au lieu que La Colombière nous disant qu'il a tiré luy-mesme des archives de Monsieur de Boissieu tout ce qu'il nous dit de la maison de ce Président, il y auroit eu de l'impudence de l'en démentir; mais remarquez cependant la contradiction manifeste de ce que dit de La Colombière en cet endroit, avec ce qu'avance luy-mesme le président de Boissieu en sa Généalogie, page 43, où il dit que son père avoit vu brûler deux fois le château de Boissieu, qui est basti sur l'éminence de la Buissière, et avec luy presque tous les anciens titres de ses ancêtres, de sorte qu'il a tiré peu de secours de ses archives. Voilà que le président de Boissieu avoue qu'il n'a tiré aucun secours de ses archives, ses titres ayant été brûlés jusqu'à deux fois sur la fin du dernier siècle; et cependant de La Colombière a trouvé ces archives tellement complètes, qu'il en a pu recueillir une généalogie depuis plus de six cents ans de père en fils, avec les alliances des Salvaing depuis l'an 1127 : et quelles alliances! avec les Eynard, les Chateauneuf, les Bérenger, avec les maisons de Saluce, de la Chambre, de Clermont, de Poitiers, d'Alleman : chimères! Et qui se persuadera que de petits gentilshommes, comme ont été les ancêtres du président de Boissieu, se soient alliés aux premières maisons de Savoie, de Dauphiné et de Piémont?

Il est vrai que le père du Président avoit épousé Charlotte d'Arces. Mais les savans n'ignorent pas qu'il y a plusieurs siècles que l'illustre maison d'Arces est éteinte, sçavoir depuis l'an 1200 qu'elle passa en celle de Morard, dont la postérité directe a toujours porté depuis le nom de d'Arces; qu'il y a plusieurs branches de ce second d'Arces, et que celle de Charlotte d'Arces, mère du président de Boissieu, étoit extrêmement déchue, au commencement de ce siècle, de ce qu'elle avoit été *. Mais, quoy qu'il en soit de cette brillante généalogie, il est surprenant que de La Colombière nous assure d'une part qu'il a tiré cette généalogie des archives du président de Boissieu, et que ce Président disc

---

* Cette observation n'est pas complètement juste, car la seconde maison d'Arces ou de Morard d'Arces est précisément celle qui a jeté le plus d'éclat sur cet ancien nom à partir du xiiie siècle. Quant à la branche de laquelle provenait Charlotte d'Arces, mariée le 16 juin 1592 à Charles de Salvaing, seigneur de Boissieu, père du Président, le fait est qu'elle était fort déchue et en voie de déchoir encore davantage, puisque, par acte du 9 août 1640, Jean d'Arces, frère de Charlotte, vendit à noble Paul Aymon, conseiller au Parlement de Grenoble, le château d'Arces avec ses dépendances, même les droits de patronage, moyennant le prix de 14,400 livres *et son entretien sa vie durant.*

que ses archives ont été brûlées. Mais La Colombière entend sans doute pour archives de la maison de Salvaing les mémoires et les écrits que luy a communiqués le président de Boissieu, desquels ce Président étoit l'auteur. En effet, neuf ans avant que La Colombière imprimast sa Science héroïque, le président de Boissieu avoit composé la Généalogie de sa maison toute telle que La Colombière se vante de l'avoir tirée des archives de ce Président. C'est ce que j'apprends du Recueil des divers ouvrages de Monsieur de Boissieu, où il rapporte en latin la mesme généalogie des Salvaing, qu'on trouve en françois en la Science héroïque, page 322. La différence qu'il y a entre ces deux généalogies, c'est que le latin est en forme d'épitaphe comme il suit :

P. M.
ET AETERNAE MEMORIAE
AYMONIS
DOMINI D'ALINGES,
DE SALVAING, DE BELLERIVE
ET DE SERVETTE EQVITIS ANNO 1012
AYMONIS II. DOMINI D'ALINGES ET DE SALVAING
EQVITIS ANNO 1045
AYMONIS III. DOMINI D'ALINGES ET DE SALVAING
EQVITIS ANNO 1074.

Post hos numerat alios XIV *et ita concludit :*

PARENTVM ET MAIORVM SVORVM DEDVCTO SVPRA SEXCENTOS ANNOS STEMMATE DIONYSIVS DE SALVAING EQVES, SACRI CONSISTORII CONSILIARIVS HOC MONVMENTO PARENTAVIT ANNO SVPRA MILLESIMVM SEXCENTESIMO TRIGESIMO QVINTO.

Outre cette épitaphe générale, le président de Boissieu a fait l'épitaphe particulière de huit de ses ancêtres qu'il luy a plû faire plus illustres que les autres, quoyqu'ils soient tous également inconnus dans l'histoire. Ce qui donna lieu à un assez bon mot d'un avocat de Grenoble, qui, à l'occasion de cette pompeuse généalogie des Salvaing et de leurs alliances, dit que le président de Boissieu avoit donné la vie à la pluspart de ses ancêtres. *

Les archives donc, desquelles La Colombière dit qu'il a tiré la généalogie des Salvaing, sont les fictions et les fables que le président de Boissieu a faites comme il luy a plû sur ses prétendus ancêtres, et qui, pour récompenser La Colombière d'avoir débité tant de mensonges en faveur de la maison de Salvaing, a bien voulu le laisser passer pour auteur de la Science héroïque, que luy Boissieu avoit composée. Ce qu'il a fait d'autant plus volontiers, que par ce moyen on s'apercevroit plus difficilement des faussetés qu'il vouloit persuader au public, comme le sont ce qu'il dit des armes des Salvaing, du support de ces armes, de leur cry de guerre, et de tout ce qu'il dit page 435; comme

---

* Ce fut à cette occasion que l'on dit ce bon mot : *que le commun des autres hommes devoit la vie à ses ancêtres, mais que M. de Boissieu l'avoit donnée aux siens.* Histoire de l'Académie royale des inscriptions et belles-lettres; Mémoire sur la vie et les ouvrages du président de Boissieu, par Lancelot, t. XII, p. 316.

enfin, qu'il avoit vu dans le Dauphiné la figure d'Aymon de Salvaing telle qu'il la représente page 440 *; que cet Aymon s'appeloit le chevalier Hardy, qu'il avoit été un des chevaliers errans qui avoient accompagné Antoine d'Arces en Portugal, en Angleterre et en Ecosse; et que ce chevalier Hardy et Bayart furent du nombre des onze François qui se batirent contre autant d'Espagnols, devant la ville de Trane au royaume de Naples, l'an 1502, toutes chimères et pures inventions du président de Boissieu.

II. MOYEN.

Le président de Boissieu a fait insérer ce qu'il a voulu en faveur de ses ancêtres dans les livres qui se sont imprimés ou réimprimés de son temps.

En effet, les Annotations qu'il a faites sur la vie de Bayart, il les a attribuées à Louys Videl par

---

* Cette figure est évidemment calquée sur celles que présentent soit d'anciens manuscrits, soit des sceaux appartenant à des princes souverains ou à de hauts barons, et pour mériter quelque confiance il faudrait que son authenticité fût autrement constatée que par ces paroles de La Colombière : « J'ai vu en Dauphiné... » Il est, au surplus, ridicule de voir un gentilhomme, inconnu dans l'histoire, figurer après un duc de Bretagne et vis-à-vis d'un duc de Bourbon!

la mesme raison qu'il a voulu qu'on crût La Colombière auteur de la Science héroïque; aussi, page 9 de ces Annotations où il parle de la généalogie des Salvaing, de leurs armes, etc., se contente-t-il de citer La Colombière, c'est-à-dire son ouvrage, ou plutôt ses fictions.

En l'Histoire du chevalier Bayard, chap. X, on trouve que le chevalier rompit sa lance dans un tournoi à Aire contre *un sien voisin de Daulphiné nommé Tartarin, qui étoit fort rude homme d'armes*. Le président de Boissieu a fait ajouter, dans l'édition donnée par lui à Grenoble en 1650 sous le nom de Videl : *C'étoit Aymon de Salvaing, seigneur de Boissieu, son parent, surnommé Tartarin par sobriquet, comme Bayart, Piquet, suivant la coutume de ce temps;* lesquelles paroles ne sont ni dans l'édition originale de 1527, ni dans les deux réimpressions données par Godefroy en 1616 et 1619.

Le président Expilly imprima, l'an 1624, parmy ses Poésies, un Supplément à l'Histoire de Bayart [*], où l'on voit qu'environ l'an 1507, Antoine d'Arces, issu de cette tant ancienne maison d'Arces en Dauphiné, fit de grandes preuves de sa valeur en

[*] Les Poëmes de Messire Claude Expilly, conseiller du Roy en son Conseil d'Etat et prezidant au Parlemant de Grenoble. Grenoble, Pierre Verdier, 1624, petit in-fol., p. 388.

Espagne, Portugal, Angleterre et Ecosse, allant selon la coutume du siècle chercher ses aventures par des tournois. Il eut pour compagnons de fortune en ses voyages Gaspar de Montauban, baron d'Aix et de Montmaur aux montagnes de Dauphiné, et Humbert de la Revoire, sieur de Romagnieu, que l'Histoire de Bayart appelle Imbaut. C'est ce que raconte le président Expilly, d'après Aymar du Rivail, conseiller au Parlement de Grenoble, qui vivoit de ce temps-là et avoit connu d'Arces, qu'il dit, en son Histoire latine manuscrite des Allobroges *, être d'une taille médiocre mais renforcée et ayant de larges épaules, et qui, enfin, entre dans des détails qui ne permettent pas de douter qu'il n'eût connu tous les gens de distinction, compagnons d'Antoine d'Arces, dit le chevalier Blanc.

M. de Boissieu a fait réimprimer, l'an 1650, ce Supplément de M. d'Expilly à l'Histoire de Bayart, et l'a joint à la Vie de ce chevalier, dont nous avons déjà dit qu'il avoit été l'éditeur. Or, voicy ce qu'il dit des compagnons de d'Arces : il eut pour compagnons de fortune Gaspar de Montauban, baron d'Aix et de Montmaur, *Aymon de Salvaing, sieur de Boissieu*, et Humbert de la Revoire, sieur de

---

* Imprimée sous ce titre : *Aymari Rivallii Delphinatis de Allobrogibus libri novem, ex autographo codice bibliothecæ Regis, editi; ex typog. Ludovici Perrin*, *Lugduni*, 1844, in-8°, p. 547.

Romagnieu. Le nom d'Aymon de Salvaing, qui ne se trouvoit nullement dans la première édition du Supplément de M. le président d'Expilly, se trouve, comme nous voyons, indignement glissé dans la réimpression qu'en a donnée M. le président de Boissieu quatorze ans après la mort de l'auteur. Pour mieux établir qu'Aymon de Salvaing étoit un des compagnons de d'Arces, il glisse encore tout au long, comme faisant partie de l'ouvrage du président d'Expilly, les articles d'une emprise d'armes du chevalier Blanc, qui est la mesme qu'on trouve en la Science héroïque, ch. 43, page 452, où l'on voit, parmi les aides du chevalier Blanc, Aymon de Salvaing, Gaspard de Montauban et Imbaut de la Revoire. Peut-on imaginer une imposture plus insigne? et un homme capable d'une telle supercherie, surtout en une matière où il est si facile de le convaincre de faux, peut-il être cru en quelque chose?

Ainsy quand le président de Boissieu me cite dans sa Généalogie, page 99, sous le titre Aymon VIII de Salvaing, qu'il fit son testament le 1er de juin 1429, reçu par Benefacti, par lequel il ordonne qu'à son enterrement, il y eût douze torches, *cum bandelonis necessariis in quibus et qualibet ipsarum depingantur arma ipsius nobilis testatoris, videlicet Aquila Salvagniorum una cum Liliis nobili quondam Domino Petro Salvagnii ipsius tes-*

tatoris patri datis a serenissimo quondam Philippo rege Francorum. Il lègue ensuite à son cousin de Sassenage, François fils de Henry, gouverneur de Dauphiné, son grand coursier, et son autre coursier au seigneur de la Chambre, son neveu; enfin il fait héritiers Artaud et Jean ses fils, auxquels il ordonne qu'eux et les leurs, héritiers du nom et armes de Salvaing, fassent porter à leurs valets et serviteurs une manche de velours noir et bleu, *sicut ipsius testatoris servitores deferre consueverant.* Lors, dis-je, que le président de Boissieu, que je say être dans l'habitude de supposer tout ce qu'il luy plaît en faveur de sa maison, m'avance ces choses, je croy d'estre en droit de les considérer comme les tournois où Aymon de Salvaing s'est distingué en Ecosse, où il n'alla de sa vie. En effet, ce cousin de Sassenage et ce neveu de la Chambre, ces grands coursiers d'Aymon VIII de Salvaing, sont des choses qui avoient besoin de preuves, et il ne suffisoit pas de nous dire que Benedicti avoit reçu ce testament pour nous persuader que ce n'est pas une pièce supposée. Car je demande au président de Boissieu par quel miracle, les archives de sa maison ayant été brûlées jusqu'à deux fois, une pièce si importante a pu échapper à ces incendies; une pièce, dis-je, qui en vaut cent, et qui marque en mesme temps que le roy Philippe de Valois avoit ajouté, en faveur d'un de ses ancêtres, la bordure de France à l'aigle des Salvaing ; que les seigneurs de Sassenage et de la Chambre étoient ses parents, etc. Lorsque même je lui accorderois que cette pièce ait pu se conserver mieux que les autres, comment a-t-il pu dire qu'il avoit tiré peu de secours des archives de sa maison, cette pièce seule établissant au-delà de toute autre, l'ancienneté et la grandeur des Salvaing ? ce que ce Président, tout attaché qu'il étoit au bien, eût préféré au plus riche héritage qu'il eût pu recevoir de ses ancêtres.

Mais, quoy! peut-on douter de la validité de cette pièce qui est confirmée par lettres patentes du Roy du 4 décembre 1639, en ces termes (*Généal. de Salvaing*, p. 102) :

Savoir faisons qu'aprez qu'il nous est apparu de la volonté dudit Aymon de Salvaing par l'extrait de son testament cy attaché sous le contre-scel de notre Chancellerie, etc., nous avons permis et permettons auxdits Denys et Aymar de Salvaing, et à leurs hoirs et successeurs nez en loyal mariage et ligne masculine, de faire porter à leurs valets ou serviteurs, soit pages ou laquais en casaque, manteaux et manches ou mandilles, une manche à bande de velours noir et de velours bleu, conformément audit testament, etc.

Mais bien loin que cela me persuade de la vérité de cette pièce, je ne doute nullement que le président de Boissieu ne se soit servi de ces lettres obtenues, sur un extrait fabriqué comme il a voulu, pour éblouir le public et l'empescher de se douter de la supposition de cette pièce. En effet, depuis la mort du président de Boissieu, nul de la famille ne s'est avisé de faire porter à ses laquais cette manche de velours noir et de velours bleu : ce qui fait voir qu'ils regardent cette prérogative comme une chimère de son invention.

Outre les lettres royaux, M. de Boissieu, pour autoriser cette pièce qui est de la dernière importance, pour donner quelque couleur à ses fables, dit qu'il est fait mention de l'obligation de cette livrée dans le plaidoyé sur lequel fut donné l'arrest du Parlement du 4 de may 1444, qui est rapporté par M. d'Expilly, ch. 163 de son Recueil d'arrests : ce sont les termes du président de Boissieu dans l'endroit que je viens de citer de sa Généalogie, page 102. En effet, dans l'endroit cité des arrests du président d'Expilly de la cinquième édition *, on trouve : qu'il fut traité du temps de nos pères, dans le Parlement de Dauphiné, entre noble François de Salvaing, sieur de Boissieu, demandeur

---

* Il figure en tête des *Arrets et Questions ajoutez an cette dernière édition* (5e), (Lion, Durand, 1636, in-4°), et ne se trouve pas dans les précédentes éditions des Plaidoyez de Claude Expilly, qui parurent pour la première fois en 1608, Paris, Abel L'Angelier, in-8°.

en requeste, tendant à ce qu'il fût enjoint à nobles Pierre et Monet de Salvaing d'ajouter à leurs armes une brisure pour marquer qu'ils étoient puinés de la maison. Ensuite on apporte les raisons du demandeur et celles du défendeur, dont les deux dernières établissent invinciblement ce que j'avance du testament d'Aymon de Salvaing. La troisième raison des défendeurs que feu Messire Aymonet de Salvaing, par son testament du premier de juin 1429, auroit institué ses héritiers universels, par égales parts et portions, nobles Artaud de Salvaing, père du demandeur, et Jean de Salvaing, père des défendeurs; et qu'ainsi, les deux frères ayant hérité également de leur père, le droit de porter les armes paternelles leur appartenoit également, d'autant plus que ledit Aymonet les auroit chargés tous deux et leurs descendans masles à l'infini de porter en bannière du noir et du bleu, et de faire porter à leurs valets et serviteurs une manche de velours à bande noir et bleu, etc., tellement que puisque ledit Aymonet de Salvaing, qui étoit la tige des parties, avoit désiré que ses descendans portassent sa bannière et ses livrées sans distinction, il s'ensuivoit qu'il avoit eu le même désir pour ses armes. En dernier lieu, que le roy Philippe de Valois ayant permis à Messire Pierre de Salvaing, père dudit Aymonet et bis-ayeul des parties, d'ajouter à ses armes paternelles une bordure d'azur semée de fleurs de lys d'or, pour récompense des services que Sa Majesté avoit reçus de luy, n'a point restreint cette concession aux aisnés dudit Pierre, pour montrer que ses descendans les devoient porter sans aucune différence, etc. La Cour, par son arrest du 29 may de l'an 1494, entérinant la requeste du demandeur, condamne les défendeurs à mettre une brisure à leurs armes: en exécution duquel ils portèrent depuis d'or à l'aigle éployée de sable, membrée et couronnée de gueules, à la bordure semée de France, brisée en chef d'un lambel de gueules.

Quoyque je ne doute nullement que cet arrest, ou plustot l'abrégé des plaidoyers qui est en teste de l'arrest, n'ait été fabriqué en tout ou du moins en partie par le Président, parce que cet arrest et les raisons qui y sont apportées par les défendeurs portent entièrement sur une pièce fausse, comme je ne doute nullement que ne le soit le testament d'Aymon VIII de Salvaing, pour les raisons que j'ay déjà dites, et pour quelques autres que je diray présentement, je veux m'en servir contre le président de Boissieu; car, suivant qu'il est marqué en cet arrest, les armes des Salvaing étoient alors d'or à une aigle éployée de sable, membrée et couronnée de gueules à la bordure semée de France, et non pas d'or à l'aigle à deux testes de sable, diadémée, becquée et membrée de gueules, ou de l'Empire à la bordure de France. J'ay remarqué, en effet, que M. de Boissieu, quand il en peut tirer quelque avantage pour sa maison, reconnoît que l'aigle simple fut les armes des Salvaing : ainsy, ayant trouvé un aigle dans le sceau d'Hugues de Sassenage, il ne feint point de dire que ce sont les armes d'Aymonette de Salvaing, femme de cet Hugues, et c'est sur cet aigle qu'il établit une alliance de la maison de Salvaing avec l'ancienne maison de Sassenage; voyez dans le ch. XI de l'Usage des Fiefs, à la fin de l'acte qui contient une ligue offensive et défensive entre des gentilshommes. Et, à dire ma pensée, je croy que les véritables armes des Salvaing étoient une aigle éployée; en effet, dans la Généalogie de la maison de Salvaing, page 26, on trouve qu'une branche de cette famille, établie dans le marquisat de Saluces, portoit d'or à l'aigle éployé de sable, comme l'assure M. de la Chiesa, évêque de Saluces; et dans un Armorial de Normandie qui est à M. de la Roque, dit encore M. de Boissieu, page 95, on trouve un Jean de Salvaing qui s'étoit établi parmy les Anglois et qui portoit d'argent à l'aigle éployé de sable, chargé d'une teste de léopard d'or.

C'est donc une pure invention du président de Boissieu d'avoir donné à cet aigle deux testes et les émaux et métaux de l'Empire à ses armes; ou bien qu'il nous dise comment un simple gentilhomme de la vallée de Graisivodan s'est avisé de prendre des armes que le Dauphin, son souverain, qui se reconnoissoit vassal de l'Empereur, n'eût osé prendre luy-mesme! Manquoit-il d'empereurs ou de chevaliers Hardys, de Salvaing les plus Gorgias, pour mériter cet honneur? ou bien les fictions de M. de Boissieu étoient-elles épuisées? Ce que nous pouvons dire, c'est qu'en 1635 que le président d'Expilly fit imprimer pour la première fois cet arrest, M. de Boissieu ne prétendoit pas encore à l'Empire; mais cet arrest l'ayant mis en possession de la bordure de France, il jugea très sagement qu'il n'y avoit que l'Empire qui méritast une pareille bordure: aussy neuf ans après il fit imprimer la Science héroïque, où Salvaing se trouve maître en mesme temps de l'Empire et de la France. Voilà ce que j'ay à dire sur l'arrest en question.

Mais je veux faire deux remarques sur les raisons que les défendeurs allèguent, tirées du testament d'Aymonet de Salvaing, que le sieur de Boissieu, qui avoit bien vu ce prétendu testament, et nous le cite en sa Généalogie dans les propres termes où il suppose qu'il est conçu, ne fait nullement mention de l'obligation que Aymonet avoit imposée à ses descendans à l'infini de porter en bannière du noir et du bleu, comme les défendeurs le supposent. Ce qui me fait croire qu'en 1635 le président de Boissieu, qui étoit jeune, et n'y regardant pas de si près, n'avoit pas fait réflexion à ce qu'il a écrit depuis des bannières au chap. XI de l'Usage des Droits seigneuriaux en Dauphiné; que parce que les vassaux étoient convoqués par le ban du seigneur, c'est-à-dire par la proclamation qu'il en faisoit faire, de là vient le mot de Bannière, sous laquelle ils se devoient ranger, et celuy de Seigneur banneret, qui avoit un nombre suffisant de vassaux pour lever bannière. Or, il est évident que les seigneurs de Boissieu n'étoient pas seigneurs bannerets, puisque le président de Boissieu n'en dit rien. Que veut donc dire ce porter en bannière du noir et du bleu? et quand est-ce que ce Président s'est acquité de cette obligation? Il y a donc toutes les apparences du monde que M. de Boissieu, véritable auteur du testament en question, l'a retouché sur ses vieux jours, et, tenant quitte ses descendans de l'obligation de porter en bannière du noir et du bleu, s'est contenté de la manche de velours de ces deux couleurs, livrée obligatoire de leurs valets.

Après ce que j'ay fait voir que le président de Boissieu, pour débiter sûrement et sans honte ses visions sur la grandeur de sa maison, n'a pas fait difficulté de laisser passer Vulson de La Colombière pour auteur de la Science héroïque, que luy de Boissieu avoit composée; que, dans la mesme vue, il a attribué à Videl les Annotations qu'il a faites luy-mesme sur la vie de Bayart; que luy de Boissieu a ajouté des choses à la louange de sa maison à l'Histoire de Bayart et au Supplément à cette Histoire, composé par le président d'Expilly; après, dis-je, des supercheries de cette nature, qui s'étonnera qu'il ait osé présenter au Roy l'extrait d'un testament supposé, et à son amy et protecteur insigne, le président d'Expilly, l'extrait d'un arrest supposé, et qui vraisemblablement n'a jamais été tel qu'il le dit? Si cet arrest ou quelque fragment de cet arrest avoit été en nature quelque part, M. de Boissieu l'eût produit infailliblement tout au long; mais il l'a fabriqué sur ceux qu'il raconte, dans le chapitre X de la Science héroïque, page 75, avoir été rendus en semblable matière; et pour montrer qu'il ne faisoit point de scrupule de faire de semblables suppositions, qui ne portent préjudice à personne et font honneur à plusieurs, voicy une autre insigne falsification qu'il s'est permis de faire au Supplément à l'Histoire du chevalier Bayart:

M. d'Expilly, page 398 de ses Poèmes, parmy lesquels il imprima, l'an 1624, ce Supplément, après avoir raconté le combat qui se fit au royaume de Naples entre treize François et treize Italiens ou Espagnols, ajoute: J'ay appris que *Artaud* Salvaing, sieur de Boissieu, fut l'un des treize François; il fut abbatu sous son cheval, et depuis mourut à la journée de Pavie. C'est infailliblement du président de Boissieu que M. d'Expilly l'avoit appris, car nulle histoire ni françoise ni étrangère n'en parle. C'est ce que nous pouvons dire à coup sûr, car, si cela eût été, M. de Boissieu l'eût assurément déterré quelque caché qu'il eût été. Mais ce Président, qui travailloit alors à donner la vie à la plupart de ses ancêtres, suivant la pensée de l'avocat dont j'ay parlé, n'avoit pas encore en ce temps-là bien concerté sa généalogie. Ainsy, comme de son autorité il avoit fait Artaud de Salvaing du combat de treize contre treize, il le prive de cet honneur, parce qu'il n'étoit pas tant glorieux à Artaud d'avoir été de ce combat que honteux d'y avoir été abbatu sous son cheval; et comme ce sage Président vouloit effacer cette tache et en abolir le souvenir, dans l'édition qu'il a fait faire de ce Supplément de d'Expilly, au lieu de ce que dit cet auteur de ce combat de treize contre treize, en dix-sept lignes, le président de Boissieu a substitué deux grandes pages de sa façon, où l'on voit Bayart et Aymon de Salvaing d'un combat de onze François contre onze Espagnols, à Trane, au royaume de Naples, l'an 1502, dans lequel combat Antoine de Rosellis, italien allégué par Ferron, rapporte que les François furent vaiqueurs.

Cet Aymon de Salvaing est un héros de la façon du président de Boissieu. Il luy donne le sobriquet de Tartarin, parce qu'il se rencontre dans l'Histoire de Bayart un rude homme d'armes de ce nom, dauphinois, contre lequel le bon chevalier rompit sa lance dans un tournoi fait à Aire. Il le fait du combat de onze contre onze à Trane, en substituant audacieusement son nom à celuy de Bouvans qui se trouve dans l'Histoire de Jean d'Auton, historien contemporain*. Il le fait courir le monde en chevalier errant sous le nom du chevalier Hardy. Il le fait l'un des trois aides du chevalier Blanc, au tournoi fait à Edimbourg le 8 janvier 1505. Il le fait encore l'un des deux aides du chevalier Sauvage à la Dame noire, dans un tournoi fait encore à Edimbourg le 22 janvier 1506. Il luy donne pour cry de guerre, *Jusqu'à ma fin*, au lieu de celuy de ses ancêtres, *A Salvaing le plus Gorgias*. Mais admirez l'injustice des historiens : il n'y en a pas un qui ait dit un seul mot de ce chevalier Hardy, et sans son arrière-petit-fils, le président de Boissieu, on ignoreroit qu'il eût été au monde, quoyqu'il ait vécu près de 80 ans, selon M. de Boissieu, n'étant mort qu'en 1540, et ayant l'an 1493, qu'il combattit à Aire contre Bayart sans beaucoup de

---

* Histoire de Louys XII, roy de France, et des choses memorables aduenues de son regne, tant en France, Italie, que autres lieux, en l'année M.D.II, par Jean d'Auton, son historiographe. Paris, A. Pacard, 1620, in-4°, p. 141.

désavantage, au moins 25 ou 30 ans, puisqu'on le qualifie de rude homme d'armes. Mais revenons à la falsification de ce Président et à ce qu'il a ajouté au Supplément de M. d'Expilly. Il n'y a rien de plus plaisant que ce qu'il fait dire à ce pauvre Président au mesme endroit où il le fait parler du combat de Trane: J'ay vu une lettre écrite au chevalier (c'est sans doute Bayart) par le sieur de Boissieu (Aymon de Salvaing, chevalier Hardy), dans laquelle il est fait mention de ce combat. Quelle imposture! Après cela, peut-on trouver mauvais **que je croye supposé** un testament qui est tout rempli de l'esprit du président de Boissieu, grand artisan de semblables suppositions?

En effet, avant de finir cet article, je veux encore faire remarquer que cet illustre Président ne manqua jamais d'avoir ou une lettre, ou un testament, ou quelque acte formel, toutes les fois qu'il en a eu besoin pour établir ses imaginations. Par exemple, il y a peu de choses plus douteuses en l'histoire que ce que ce président de Boissieu veut nous persuader, que le vingt-cinquième grand-maître de l'ordre des Templiers étoit un certain Guiffrey de Salvaing. * Moréri a même fait remarquer qu'au

---

* Ce prétendu grand-maître du Temple n'avait été admis par le savant Du Cange dans la liste qui figure au mot *Templarii* de son Glossaire, que sur la foi d'un manuscrit tiré des archives de la

lieu de Salvaing, plusieurs disent Mais que ce Guiffrey de Salvaing fût du Dauphiné et de la famille des ancêtres de M. de Boissieu, c'est ce qui est encore plus douteux. Quel moyen de débrouiller cette énigme? Rien de plus aisé pour le président de Boissieu, qui se trouve heureusement saisi d'une donation de Guiffrey de Salvaing, chevalier de l'ordre des Templiers, par laquelle l'an 1281, pardevant Aymon Combre, notaire, il donne à Hugonet son frère tous les biens qui luy étoient échus par le décès de Messire Guiffrey, leur père, et de dame Marguerite, leur mère. Mais dire où se trouve cet acte, qui assurément seroit décisif s'il étoit vray... on doit s'en rapporter à la bonne foi d'un premier président de la Chambre aux comptes. De mesme on doute, et avec justice, que jamais Philippe de Valois ait permis à Pierre de Salvaing d'ajouter à ses armes une bordure de France; et aussitôt cet incomparable Président nous produit le testament d'Aymon VIII de Salvaing, qui porte en termes formels ce qui est en question. On révoque en doute

---

Chartreuse de Villeneuve, et publié par M. de Boissieu lui-même, page 209 de ses *Miscella*. La dernière édition de l'Art de vérifier les dates ne reconnaît pas de grand-maître des Templiers de ce nom, et il y a tout lieu de penser qu'il en est de ce Guiffrey comme des autres célébrités de la maison de Salvaing

cet acte, et voilà un arrest donné au public par M. le président d'Expilly, qui lève tout doute. Quelques-uns disent que les historiens ne nomment point Aymon de Salvaing parmy les François qui combattirent à Trane onze contre onze Espagnols, et M. Expilly ressuscite, par un miracle de M. de Boissieu, pour avertir le public qu'il a vu une lettre d'Aymon IX, sieur de Boissieu, au chevalier Bayart, son cousin germain *, où il est parlé de ce combat dans lequel ce Chevalier sans peur et sans reproche et ce chevalier Hardy se sont trouvés. Quoy de plus formel! Je m'étonne que les historiens n'ayent pas consulté le président de Boissieu sur les endroits un peu embrouillés de l'histoire : un homme de son esprit, de son savoir, se trouvant premier président de la Chambre aux comptes, n'eût pas manqué de

---

* Cette alliance avec la famille Terrail est encore une invention du président de Boissieu. Claude Le Laboureur dit positivement que Catherine Terrail, fille d'Yves Terrail, seigneur de Bernin (la même qui selon M. de Boissieu aurait épousé Arthaud de Salvaing), fut mariée le 3 août de l'an 1504, dans l'abbaye d'Ainay, à noble Geoffroy Guyot, seigneur de la Gard. Il en est de même des prétendues alliances des Salvaing avec les Saluces, Clermont, La Chambre, Poitiers, etc., dont on ne trouve nulle trace dans les généalogies de ces maisons historiques. L'alliance d'Aymon VI, seigneur de Salvaing et de Boissieu, avec Magdeleine Bérenger, figure, il est vrai, dans la généalogie qu'a donnée Chorier de cette maison, mais il est évident que c'est une pure complaisance de cet écrivain envers M. de Boissieu auquel est dédié l'ouvrage.

quelque bon acte de sa façon pour les tirer d'affaire. Mais je me trompe, le savant Président n'avoit le talent d'être ingénieux à inventer tout ce qu'il vouloit que lorsqu'il s'agissoit de faire valoir la noblesse de sa maison.

III. MOYEN

Dont le président de Boissieu s'est servi pour établir ses fables, ça été de donner de faux mémoires à ceux qui ont écrit ou de l'histoire de quelque pays, ou de quelque autre matière qui pouvoit servir à son dessein.

Outre le rang de premier président en la Chambre des comptes, et la qualité de gentilhomme de bonne et ancienne race, qu'on ne sauroit disputer à M. de Boissieu, on ne peut nier que ce n'ait été un des beaux esprits et des savans hommes de son temps. Enfin, à cela près qu'il étoit honnestement visionnaire sur le chapitre de sa noblesse, c'étoit un homme très accompli, dont la connoissance étoit non-seulement glorieuse, mais très utile aux plus habiles, qui pouvoient apprendre beaucoup de choses d'un homme consommé comme luy dans toutes sortes de sciences. Et comme le jugement que cet habile Président faisoit d'un ouvrage étoit immanquablement suivi du public, ceux qui avoient envie d'imprimer quelque chose ne manquoient pas de le consulter, ou de mendier son suffrage qu'il ne refusoit jamais au mérite. C'est ce qui faisoit que plusieurs savans recherchoient son amitié. Mais, comme on étoit sûr de la gagner par la complaisance qu'on luy témoignoit sur la grandeur de sa maison, tous les auteurs, non-seulement du Dauphiné, mais des pays les plus éloignés de France et mesme des royaumes étrangers, l'ont flatté là-dessus * : les uns parlent des armes des Salvaing, comme, sans parler des Dauphinois, le savant Ducange ; les autres, du cry de guerre de ses ancêtres, et cela par pure complaisance, comme les auteurs du pays, ou parce qu'ils croyoient que les choses étoient telles qu'ils les avoient apprises du président de Boissieu. Luy, cependant, tiroit cet avantage que, insensiblement, on débitoit, et par conséquent on établissoit en quelque façon devant le vulgaire qui n'approfondit pas les choses, ce qu'il vouloit qu'on crût de l'ancienneté et de l'éclat de sa maison ; et les

---

* Il est curieux de rapprocher ce passage de celui qui se trouve dans la Vie de Boissieu écrite par Chorier, p. 89 : *Quinquaginta ab hinc annis, ad scribendum nemo animum fere appulit, quin ex Boessii fontibus hauserit. Ingrati haud se animi crimine fœdaverunt : omnium etiam prædicatione celebratus est. Quot editi libri, tot Boessii laudi erecta sunt monumenta.*

faux mémoires qu'il avoit donnés à des auteurs de sa connoissance devenoient, dans la suite, des témoignages et des preuves des choses qu'il disoit de sa famille ; parce qu'il ne manquoit pas de citer ces auteurs, autant pour se faire honneur que pour leur en faire, et encore plus pour établir ses sentimens sur sa race.

Ainsy, pour autoriser ce qu'il a assurément imaginé du cry de guerre de ses ancêtres : *A Salvaing le plus Gorgias*, voicy comme il parle dans le chapitre XI de l'Usage des droits seigneuriaux en Dauphiné : « La modestie ne me doit pas em-
« pescher de dire que mes ancestres avoient pour
« cry : *A Salvaing le plus Gorgias*, comme a re-
« marqué Petra Sancta, romain, *Libro de Insi-
« gnibus*. » N'étoit-il pas plaisant que, pour nous prouver que des gentilshommes de la vallée de Graisivodan avoient un certain cry de guerre, on nous citât un jésuite romain ? D'où le pouvoit-il avoir appris, puisque, avant le président de Boissieu, on n'en avoit jamais ouï parler ? Voicy tout le mystère : L'an 1633, le président de Boissieu étant à Rome, en qualité d'Orateur de l'ambassade d'obédience qu'envoya Louis XIII à notre très saint Père le pape Urbain VIII, fit connoissance avec Petra Sancta [*]

---

[*] Silvestre Petra Santa, savant jésuite, né à Rome et mort dans la même ville le 3 mai 1637, après avoir publié plusieurs ouvrages

qui travailloit alors à son livre *de Symbolis heroicis,* qu'il fit imprimer l'année suivante 1634; et sur ce que M. de Boissieu luy avoit dit du cry de guerre de sa maison de Salvaing, Petra Sancta l'imprima pour faire honneur à celuy de qui il avoit appris cette fable, et qu'il croyoit sur la parole de M. de Boissieu être très véritable; et, trente ans après, M. le Président se sert de ce qu'il a suggéré à Petra Sancta, pour prouver son cry de guerre: *A Salvaing le plus Gorgias*, comme il se sert aussy de l'autorité de Vulson de La Colombière, c'est-à-dire de son propre ouvrage, pour établir la mesme chimère.

J'ay admiré souvent que M. Chorier, qui avoit tout l'attachement possible au président de Boissieu, n'ait rien dit de la prétendue concession faite par le roy Philippe de Valois à Pierre de Salvaing, par laquelle il luy permet de joindre aux armes de sa maison la bordure de France, pour récompense de ce que ce Pierre de Salvaing avoit beaucoup contribué au transport que le dernier dauphin, Humbert II, avoit fait de ses états au fils aisné de nos roys.

---

de philologie et de controverse, entr'autres *De Symbolis heroicis Libri IX; Antuerpiæ, ex offic. Plantin.*, 1634, in-4°; 290 pl., y compris le frontispice gravé par Th. Gale d'après Rubens.

Chorier voyoit qu'on ne pouvoit rien dire de plus glorieux à la maison de Salvaing, et qu'un service de cette importance, rendu par un de cette maison à la Couronne, engageoit nos roys à avoir éternellement de la considération pour ceux de cette famille. Il avoit devant les yeux un arrest rapporté par un homme du poids du président d'Expilly; cependant l'amour de la vérité l'emportant en luy sur toute autre considération et d'intérest, ce qui étoit à craindre, Chorier étant peu accommodé des biens de la fortune, et de complaisance, ce qui pouvoit tenter cet historien amy du président de Boissieu, l'amour, dis-je, de la vérité l'emportant en l'esprit de Chorier sur tout le reste, il n'a pas dit un mot ni de ce Pierre de Salvaing, ni d'une concession qu'il croyoit supposée : action qu'on ne peut assez louer en M. Chorier et qui doit faire estimer son Histoire au moins par cet endroit, que nul respect humain n'a pu porter cet auteur à avancer une chose contre la vérité. Mais si ce silence de Chorier luy fait tant d'honneur, il détruit absolument la chimère du président de Boissieu, et je ne croy pas qu'il y ait un homme si peu raisonnable que d'ajouter plutôt foy à ce Président que nous avons vu ne faire nul scrupule de mentir quand il s'agit d'avancer quelque chose pour la gloire de sa maison, qu'à un historien qui a été capable de sacrifier tout à la vérité. *

Par tout ce que j'ay dit jusqu'ici, je croy d'avoir assez bien justifié : 1° que les armes de Salvaing n'ont jamais été de l'Empire, et que Vulson de La Colombière ou plutôt le président de Boissieu est le premier qui l'a osé avancer; 2° que la bordure de France, ajoutée aux armes de Salvaing, est de mesme une invention du président de Boissieu, aussy bien que le cry de guerre, *A Salvaing le plus Gorgias;* 3° que les prouesses d'Aymon IX de Salvaing sont de pures chimères de ce Président, et que ce chevalier Hardy, qu'on appeloit en sa jeunesse Tartarin, par sobriquet, sont de pures visions, des choses qui n'ont nul fondement dans l'histoire; 4° que les manches à bande de velours noir et de velours bleu, et la bannière à bande de

---

* Il y a peu d'histoires sur lesquelles il ait été publié autant de pièces justificatives que sur l'histoire d'Humbert II, à laquelle M. de Valbonnays a consacré plus de la moitié d'un volume in-folio. Comment se fait-il que, dans ce grand nombre d'actes et de diplômes où paraissent les noms de toute la haute noblesse de Dauphiné, il ne se rencontre pas un seul personnage du nom de Salvaing? On ne peut en tirer qu'une conséquence très défavorable aux assertions de M. de Boissieu, et il faut convenir qu'en osant jeter de pareilles impostures à la face du public, du Conseil du Roi et du Parlement de Grenoble, ce Président l'a disputé au *plus hardi chevalier* de sa généalogie.

mesme couleur, sont des puérilités romanesques. En voilà assez, ce me semble, pour l'éclaircissement que j'ai projeté. Cependant, puisque nous sommes sur le chapitre de la maison de Salvaing, disons encore un mot de l'origine que luy attribue le président de Boissieu et des alliances qu'il luy donne.

Si la maison de Salvaing vient de celle d'Alinges.

M. de Boissieu est le premier qui se l'est imaginé; il fait pourtant honneur de cette découverte à un certain Prieur de Champs, du nom de Salvaing, qui fit une généalogie de sa maison, il y a près de cent cinquante ans, dont M. le président de Boissieu dit qu'il a trouvé quelques fragmens en une des maisons de son père*. Mais, soit que ce Président soit l'auteur de cette fable ou un Prieur de sa maison, c'est toujours une fable, ou du moins une chose avancée sans fondement. Car, en premier lieu, les armes de la maison d'Alinges sont différentes de celles de Salvaing : Alinges porte de gueules à la croix d'or, et Salvaing un aigle éployé**. Le président de Boissieu, qui a prévu l'objection,

---

* Généalogie de la maison de Salvaing, p. 44.
** Ch. 91 de la Science héroïque, par Vulson de La Colombière.

s'est imaginé d'y avoir satisfait, disant que la maison de Salvaing a pour supports deux aigles d'or contournez, tenant au bec une bannière de gueules, à la croix d'or, qui sont, dit-il, les armes de son origine. Mais je suis bien sûr que cette bannière de gueules avec les armes d'Alinges est une pure invention du président de Boissieu.

En second lieu, on ne peut pas faire fond sur le nom de Salvaing, qui est le nom d'une terre de la maison d'Alinges, et qui est probablement le fondement qu'a eu le président de Boissieu de dire que la maison de Salvaing venoit de celle d'Alinges. Mais tout le monde sait que non-seulement les seigneurs des terres en prennent le nom, mais encore ceux qui en sont natifs; et comme il y a beaucoup plus de gens natifs d'un lieu qu'il n'y a de seigneurs de ce lieu, s'il falloit conclure quelque chose du nom de Salvaing, ce seroit pour le plus que les Boissieu seroient originaires de ce village de Savoye; surtout, lorsqu'on ne nous cite aucun acte ni aucun document qui établissent la descendance de la maison des Salvaing de celle d'Alinges. Ce que je say très certainement, c'est que le feu marquis de Coudré, chef de la maison d'Alinges, disoit que M. de Boissieu luy faisoit bien de l'honneur de se dire de sa maison, mais qu'il ignoroit et que ses ancêtres avoient aussy ignoré cet avantage que ce président attribuoit à sa maison d'être la tige de celle de

Salvaing : ce qui n'avoit pas empesché ce marquis de faire présent à M. de Boissieu de la terre de Salvaing, pour aider à ce Président à établir, au moins pour ceux qui vivront dans trois ou quatre cents ans, la descendance de la maison de Salvaing de celle d'Alinges. Ce qui est glorieux à l'une et à l'autre maison, et surtout à celle de Salvaing. *

Si la maison de Salvaing a été alliée avec l'ancien Sassenage.

Un des plus grands honneurs qu'ait jamais eu la maison de Salvaing, ça été l'alliance qu'elle contracta l'an 1651 avec la maison de Sassenage par le mariage de Christine de Salvaing, fille unique du président de Boissieu, avec Charles de Sassenage, second baron de Dauphiné, etc. Mais je ne croy pas ce que M. de Boissieu dit dans sa Généalogie, page 82, et dans son Traité des Droits

---

* Cette donation, acte de pure courtoisie du chef de l'antique maison d'Alinge ou d'Allinges envers le président de Boissieu, consistait principalement dans *les lieux et place de l'ancien château de Salvaing*, situé dans le Chablais, à un quart de lieue du lac de Genève. Elle est imprimée page 10 des Annotations sur la vie du chevalier Bayard, de l'édition de Grenoble, 1650, in-8°, donnée, comme on l'a déjà dit, par M. de Boissieu sous le pseudonyme de l'ignorant et famélique Louis Videl.

192

seigneuriaux, chapitre XI, qu'Aymonette de Salvaing avoit épousé Hugues, cadet de la maison de Sassenage, parce que ce Président l'avance sur une chose qui ne prouve rien moins que cela : c'est qu'au sceau d'Hugues de Sassenage, dans un acte de 1279, il a pour armes un aigle éployé, qui sont celles d'Aymonette de Salvaing, sa femme, suivant la coutume de ce temps-là que les cadets prenoient les armes de leurs femmes, dit M. de Boissieu, chapitre XI du Traité des Droits seigneuriaux. Mais, dans la page 82 de la Généalogie de la maison de Salvaing, il dit que Hugues de Sassenage prit les armes d'Aymonette, sa femme, pour les différencier d'avec celles des aisnés, suivant la coutume de ce temps-là.

Je demande donc à M. le président de Boissieu comment il fera voir que les cadets de maison prenoient les armes de leurs femmes, surtout lorsqu'elles n'étoient pas héritières de leur maison, comme Aymonette de Salvaing ne l'étoit pas assurément. Je ne disconviens pas que lorsque les cadets de maison épousoient de riches héritières, ils n'en prissent quelquefois et les armes et le nom; mais c'est autre chose des cadettes, et la raison que le président de Boissieu apporte de cet usage est très ridicule; car si Hugues de Sassenage, en prenant les armes d'Aymonette de Salvaing, différencioit ses armes de celles du baron de

Sassenage, son aisné, il prenoit aussy les armes d'Aymon de Salvaing, son beau-frère, et il n'évitoit un inconvénient que pour tomber dans un tout semblable. Ainsy la raison qu'a le président de Boissieu pour établir cette alliance de sa maison avec l'ancien Sassenage est une pure chimère, et par conséquent cette alliance l'est aussy. Je ne veux pas examiner les autres alliances que le président de Boissieu attribue à la maison de Salvaing, de peur d'être trop long. Ce que j'ay dit de l'alliance avec l'ancien Sassenage et de l'origine des Salvaing de la maison d'Alinges, suffira pour faire voir qu'en ces matières il n'en faut pas croire le président de Boissieu sur sa parole.

ADDITIONS.

ON a vu plus haut, page 166, que M. de Boissieu avait adjugé à un de ses prétendus ancêtres le surnom de Tartarin sous lequel figurait dans l'histoire de Pierre Terrail, seigneur de Bayart, « un sien voisin de Dauphiné, fort rude homme d'armes. » Dans la relation du tournoi fait à Paris, à l'entrée de la reine Marie d'Angleterre, seconde femme du roi Louis XII, l'an 1514 (imprimée page 180 du Vray Théatre d'honneur et de chevalerie, par Vulson de La Colombière, Paris, 1648, in-fol.), on voit reparaître ce même personnage, dont le surnom était devenu, à ce qu'il paraît, tellement vulgaire qu'il lui servait de nom propre. M. de Boissieu, ou plutôt son compère Vulson de La Colombière, le poursuit hardiment dans ce nouveau tournoi, et ajoute en marge : « C'estoit Aymon de Salvaing sieur de Boissieu, surnommé Tartarin, par sobriquet. »

Cette supposition est d'autant plus outrecuidante que tout concourt à prouver que le personnage désigné sous ce surnom était Thierry d'Urre, seigneur de Portes en Dauphiné. C'est ainsi qu'on le trouve inscrit sur «les Rolles du payement des gages des cent gentilshommes ordinaires de l'hostel du Roy, ordonnez pour la garde de son corps, des années 1522 et 1523, » rolles conservés au cabinet de l'ordre du Saint-Esprit et imprimés pages 191 et 236 des Preuves de l'Histoire généalogique de la maison de Beaumont; Paris, 1779, 2 vol. in-fol. . . . . *Thierry d'Urre dit Tartarin, seigneur de Portes* . . . .

La Généalogie de cette maison nous apprend que Thierry d'Urre avait été ainsi surnommé à raison de son intrépidité, et que François Ier avait si bonne opinion de lui qu'il disait « qu'il prendroit Tartarin pour second s'il avoit à se battre contre Charles-Quint. » Histoire de la Noblesse du Comté

Venaissin, par l'abbé Pithon-Curt; Paris, 1743-1750, 4 vol. in-4°, t. III, p. 583.

N lit à la fin du XLIVme chapitre de la Science héroïque, ou plutôt héraldique, de Vulson de La Colombière :

« César de Nostradamus, dans son Histoire de Provence, fait mention de certaines épithètes des maisons de Provence qui furent trouvez sur la couverture d'un des livres manuscrits du roy René, en cet ordre :

HOSPITALITE ET BONTE D'AGOVLT	DESLOYAVTE DE BEAVFORT
LIBERALITE DE VILLENEVFVE	GRAVITE DE ARCVSSIA
DISSOLVTION DE CASTELLANE	SOTTISE DE GRASSE
SAGESSE DES RAMBAVLDS DE SIMIANE	VAILLANCE DE BLACAS
FALLACE ET MALICE DE BARRAS	OPINION DE SADO
SIMPLICITE DE SABRAN	PREVD'HOMIE DE CABASSOLLE
FIDELITE DE BOLIERS	BONTE DE CASTILLON
CONSTANCE DE VINTIMILLE	SVBTILITE DE GERENTE
TEMERITE ET FIERTE DE GLANDEVEZ	INGENIOSITE D'AVRAISON
PRVDENCE DE PONTEVEZ	FINESSE DES GRIMAVDS
INCONSTANCE DE BAVLX	GRANDS DES PORCELLETS
ENVIEVX DE CANDOLE	VANTERIE DES BONIFACES
COMMVNION DE FORCALQVIER	LEGERETE DE LVBIERES
TRICHERIE DE APERIOCVLOS	VIVACITE D'ESPRIT DES FOVRBINS

« Et pour ce qui est de celles de Dauphiné, j'ay lu derrière une Vie manuscrite du chevalier Bayart les attributs de plusieurs maisons nobles de la vallée de Grésivaudan, comme cecy :

PARANTE D'ALEMAN	AMITIE DE BEAVMONT
PROVESSE DE TERRAIL	BONTE DE GRANGES
CHARITE D'ARCES	FORCE DE COMMIERS
SAGESSE DE GVIFFREY	MINE DE THEYS
LOYAVTE DE SALVAING	VISAGE D'ARVILLARS

On retrouve ces mêmes épithètes, page 62 des Annotations sur la vie du chevalier Bayard, publiées à la suite de son Histoire; Grenoble, 1650, in-8°. « Voicy, dit Louis Videl, comme je les ay trouvées à la fin d'un manuscrit de cette Histoire; ce que le sieur Vulson de La Colombière a remarqué avant moy en sa Science héroïque, chapitre 44. »

Il est évident que ces deux récits sont calqués l'un sur l'autre, et que les épithètes dauphinoises ne sont qu'une contrefaçon des épithètes provençales. Si Louis Videl, voire Salvaing de Boissieu, avaient eu à leur disposition une vie manuscrite de Bayart, différente de celles qui nous sont parvenues, il est probable qu'ils en eussent cité quelque chose dans leurs longs commentaires. Si cette vie, au contraire, n'était qu'une ancienne copie de l'histoire du Loyal Serviteur, comment se fait-il que les savants éditeurs se soient contentés de réimprimer le texte tronqué et francisé des éditions de Théodore Godefroy? Il faut en conclure que cette vie manuscrite de Bayart n'a jamais existé, et que son existence n'a été supposée que pour donner un certain air d'authenticité aux rébus héraldiques composés par le président de Boissieu, en l'honneur de sa famille et de ses amis.

E président de Boissieu, page 89 de sa Généalogie, cite, entre autres registres de la Chambre des comptes de Grenoble, le registre intitulé : *Designatio castrorum delphinalium in Graisivaudano facta de anno Domini* 1339, et dit que Pierre de Salvaing y est mentionné « parmy les nobles qui avoient des fiefs dans le finage de Bellecombe, frontière de Savoie. » Il s'est rencontré que ce registre existe encore dans les archives de la Chambre des comptes, et l'on va voir de quelle manière y figure effectivement Pierre de Salvaing, celui de ses aïeux qui, selon M. de Boissieu, aurait obtenu de Philippe de Valois la permission d'ajouter à ses armes une bordure semée de fleurs-de-lis, à raison de la part qu'il avait prise au transport du Dauphiné à la maison de France. Le fait nous a paru si curieux que nous avons prié M. Pilot, conservateur des archives de la Chambre des comptes de Grenoble, de vouloir bien nous délivrer l'extrait suivant, revêtu de sa signature :

Registre :

Designatio Castrorum Dalphinalium

f° bj. — Castrum Buxerie.

Anno Domini m. ccc. xxxix nativitatis, ejusdem die quarta Maii fuit tradita presatiæ Dominis ut supra informatio subscripta de et supra dicto Castro.

Nobiles et vassalii ligii ꝯ habentes fortalitia et feuda infra, sequitur residentes infra mandamentum Buxerie.

Nobiles alii non residentes, habentes etiam fortalitia et feuda in dicto mandamento, sequitur in primis Dnus. Rxtaudus de Bello. . miles i
Rynardus de Bef. . . . . . duo fortal.
Petrus . . . . habet fortal.
Dnus. Franciscus de . fio . . miles
Johan. de . . . . . . domicellus.

Tous les noms ci-dessus pointés ont été effacés, et en regard de chacun d'eux, il a été écrit d'une écriture moderne, sur la marge du registre : de Bellomonte

de Bellacomba

Pet{us} Salvagni

Franciscus de Thesio

Joannes de Thesio

Nous pensons que cette substitution de noms a été faite par Denis de Salvaing de Boissieu, président de la Chambre des Comptes, d'autant plus que l'écriture paraît être de sa main.

Il est aussi à remarquer qu'il a été tiré quatre traits de plume sur le titre : « Nobiles alii non residentes, habentes etiam fortalitia et feuda in dicto mandamento, sequitur.... » comme pour indiquer que les noms qui suivaient devaient faire partie de ceux des nobles demeurant dans le mandement. La rature de ces mêmes noms existait déjà en l'année 1699, puisque, dans l'Inventaire des Titres de la Chambre des Comptes qui fut vérifié de cette année à 1708, on lit, tome 1er, f° 509 :

Autres nobles non résidans qui avoient maisons fortes et fiefs dans ledit mandement :

Arthaud de Beaumont, chevalier ;

Aynard de Bellecombe qui a deux maisons fortes ;

Pierre.... N^a : le nom a été osté et raturé, et d'une écriture nouvelle a été mis après la rature : Pierre de Salvaing, — François de Theys, — et Jean de Theys.

Certifié conforme :

Le Conservateur des Archives
de la Chambre des Comptes,

J.-J.-A. Pilot.

A Grenoble, ce 24 Novembre 1849.

EPILOGUE.

EPILOGUE

RACE à toutes les supercheries qui viennent d'être signalées, Salvaing de Boissieu était parvenu à répandre un tel éclat sur sa famille, que, lorsqu'elle s'est éteinte, il n'a pas manqué de gens disposés à se rattacher à cette souche glorieuse. Nous en trouvons la preuve dans cette note de l'Histoire du chevalier Bayard, par Guyard de Berville, dont la première édition parut en 1760 :

« Aymon de Salvaing, seigneur de Boissieu, étoit petit-fils de Catherine Terrail, tante de Bayard, et avoit nom, par sobriquet, *Tartarin*.

« Lorsque je commençai cette Histoire, je bornai

ma note à ce peu de mots, ajoutant seulement que cette maison étoit éteinte, parce qu'en effet elle ne subsiste plus en Dauphiné, et témoignant bien des regrets que de si bonnes races soient perdues pour la patrie. Cette maison, à laquelle tous les écrivains dauphinois ont prodigué les éloges, tiroit son origine, dès l'an 1012, d'un seigneur de Salvaing, d'Allinges et de Boissieu. La branche aînée subsiste encore en Savoie, sous le nom de Marquis d'Allinges * : elle s'étoit divisée en un très grand nombre de branches, toutes fécondes en guerriers illustres, et alliées aux plus grandes maisons du Dauphiné et des provinces voisines. Vulson de La Colombière en a donné une Généalogie, et rien n'est si glorieux que ce qu'en disent le président Expilly, Guy Allard et Godefroy**, dans l'Histoire de Bayard.

« Voilà tout ce que j'en savois et ce qui me faisoit passer si légèrement sur une maison que je croyois éteinte, lorsque le hasard me fit découvrir qu'une branche, sous le nom de Salvaing de Bois-

---

* Cette maison, la plus ancienne peut-être de Savoie, s'est éteinte, il y a quelques années, en la personne de Joseph-Prosper-Gaétan, marquis d'Allinges-Coudré.

** Lisez Videl au lieu de Godefroy, car Théodore Godefroy, dans les deux éditions in-4° qu'il a données de l'Histoire de Bayard, en 1616 et en 1619, n'a pas dit un seul mot des Salvaing.

sieu, s'étoit transplantée en Auvergne en 1430. Cette découverte excita ma curiosité; je me suis instruit, j'ai même recouvré une filiation généalogique de cette branche jusqu'à aujourd'hui; et c'est avec un plaisir sensible que je vais mettre ici quelques détails sur cette maison dès son origine connue, et avec d'autant plus d'assurance que je suis instruit que les seigneurs de Boissieu, d'Auvergne, ont dans leurs mains les titres sur lesquels ils doivent faire travailler à une généalogie qui démontrera l'identité de leur nom de Salvaing de Boissieu avec les grands hommes qui l'ont porté en Dauphiné.

« La maison de Salvaing de Boissieu tient de tout temps un rang distingué parmi la plus haute noblesse de cette province, que l'on a nommée par excellence l'*Ecarlate de la Noblesse*. Son ancienneté se perd dans les temps les plus reculés, et on voit dès l'an 1012 un Aymon Salvaing, chevalier, posséder des fiefs et des seigneuries par indivis avec les comtes de Savoie, et transiger d'égal à égal avec ces princes et avec les souverains du Dauphiné. L'un de ses descendans, Guiffrey de Salvaing, étoit grand-maître de l'ordre des Templiers en 1285.

« La postérité d'Aymon s'est perpétuée jusqu'à la personne de Denis Salvaing, seigneur de Boissieu, premier président en la Chambre des comptes de Grenoble, homme aussi recommandable par ses vertus et son savoir que par sa naissance. D'Elizabeth de Villiers, sa seconde femme, il ne laissa qu'une fille, Christine de Salvaing, mariée à Charles-Louis-Alphonse, marquis de Sassenage, etc., auquel elle porta tous les biens de la maison de Boissieu, etc.

« Ce Denis de Salvaing étoit sixième petit-fils de Pierre I, marié en 1380 à Sibyle de Poitiers; ils eurent deux fils, Aymon VIII, cinquième aïeul de Denis, en qui la branche aînée s'est éteinte, et Gaspard, lequel, vers l'an 1430, passa en Auvergne, s'y établit, y épousa une héritière de grande maison, Jacquette d'Oreille, et bâtit dans la paroisse de la Chapelle-Geneste, diocèse de Clermont, un château qui subsiste encore, auquel il donna le nom de Boissieu, que ses descendans, divisés en plusieurs branches, ont continué de porter, quoique ce château ait été vendu lors de l'extinction de la branche aînée tombée en quenouille.

« Il en existe encore trois en Auvergne : l'aînée sous le nom de Boissieu de Maison-Neuve; la seconde, sous le nom de Servière; et la troisième, sortie de la seconde, est celle des seigneurs de Rochelaure. Nous ne pouvons nous refuser de faire mention de cette dernière, tant, en général, parce que tout ce qui porte le nom de Salvaing de Boissieu est issu du même sang que notre héros, que parce que cet ouvrage est dédié à l'Ecole militaire, où Henri-Louis-Augustin de Salvaing, dit le Chevalier de Boissieu, a été l'un des premiers gentilshommes admis par Sa Majesté dès l'établissement de cette maison royale. Il y a rempli les exercices de ses premières années, comme Bayard a illustré les siennes, avec l'avantage d'une éducation bien supérieure, ayant réuni l'étude des langues à celle des mathématiques et du génie; et il a été compris avec éloge dans la première nomination d'officiers sortis de cette école. Il a un frère aîné, marié et résidant en Auvergne, et une sœur, Marguerite de Boissieu, élève de Saint-Cyr, dame de compagnie de Madame la comtesse de Toulouse. Ils sont enfants de Joseph-Clair de Boissieu, mort en 1749, âgé de cinquante-sept ans, chevalier de Saint-Louis, commandant du fort de Landau, après quarante-quatre ans de service, et de dame Anne-Marie de Brun, de la maison de ce nom en Provence.

« La généalogie que j'ai dit avoir dans les mains remonte à huit siècles de filiation suivie, sans aucune dérogeance, et les seigneurs subsistans du nom de Boissieu ont un intérêt singulier de constater, par les titres qu'ils possèdent, qu'ils sortent réellement de l'ancienne maison de Boissieu, et de faire revivre un nom si illustre avec tout l'éclat de ceux qui l'ont porté.

« Les armes de cette maison sont de l'Empire à la bordure de France, par deux concessions, l'une de temps immémorial accordée par un empereur, l'autre par Philippe de Valois à Pierre de Salvaing, en reconnaissance de ce qu'il fut l'un des seigneurs dauphinois qui contribuèrent le plus à la démission que fit le dauphin, Humbert II, de ses états en faveur de la couronne de France, par actes des années 1343 et 1349. Leur devise est : *A Salvaing le plus Gorgias* (c'est-à-dire, le plus triomphant). »

Il paraît que les titres dont parle Guyard de Berville avaient été récemment recouvrés par la famille de Boissieu, d'Auvergne; car il n'en est nullement question dans l'article que d'Hozier a consacré à cette même famille, Armorial général de la France, registre premier, première partie; Paris, 1738, in-folio, page 78 :

« Joseph de Boissieu, sieur du Boisnoir, chevalier de l'ordre militaire de Saint-Louis et capitaine dans le régiment de Lionnois, demeurant dans la paroisse de Desge, diocèse de Saint-Flour, élection de Brioude, province et généralité d'Auvergne, naquit, le 30 juin 1693, du mariage de Gabriel Boissieu, écuyer, seigneur de Maisonneuve, et de Marie Bravard-d'Aissac, sa femme. Il épousa, le

3 juin 1723, Marie-Anne Brun, fille de François Brun, écuyer, seigneur du Boisnoir, et de Marguerite Cornair; et de ce mariage il a eu, entre autres enfans, Marguerite de Boissieu, née le 17 avril 1724, reçue à Saint-Cir, le 17 septembre 1735, sur les preuves de sa noblesse, justifiée graduellement par titres depuis Jean de Boissieu, son V^e ayeul, écuyer, sieur de Boissieu, lequel fit son testament le 25 janvier 1540, et voulut être enterré avec ses prédécesseurs dans l'église de la Chapelle-Geneste, au diocèse de Clermont.

« D'azur, à un aigle d'or, becqué et membré de sable, et trois roses d'argent, mouvantes d'une même tige, feuillées de même, et rangées à la pointe de l'écu. »

Dans cet article, qui concerne évidemment les mêmes personnes, on voit que d'Hozier, juge un peu plus compétent que Guyard de Berville, ne fait aucune mention de l'origine dauphinoise, alléguée par ce dernier. Quant au Gaspard de Salvaing de Boissieu, qui, d'après le même auteur, serait allé s'établir en Auvergne vers l'an 1430, nous ferons observer que, pour croire à son existence, il faudrait être d'abord assuré de celle de son père, Aymon de Salvaing. Or, cet Aymon, chiffré VIII, est, ainsi que Pierre de Salvaing, son père, au nombre des personnages que le président de Boissieu est vivement soupçonné d'avoir créés et mis au monde. Mais, admettant son existence, il faudrait alors s'en rapporter à son testament du premier juin 1429, reçu Benefacti, et rapporté page 99 de la Généalogie, dans lequel il fait ses héritiers Artaud et Jean, ses fils. Les trois autres, Pierre, Jacques et Antoine, furent d'église, et même ce dernier aurait été appelé à l'évêché de Vence, s'il est possible de reconnaître, avec M. de Boissieu, le nom de Salvaing dans celui de Salvanthi, Salvahni ou Salvanechi, que portait en effet l'évêque de ce diocèse en 1441. Quoi qu'il en soit, il n'est nullement question du prétendu Gaspard. Comment supposer en outre que le président de Boissieu, qui a suivi avec tant de soin les diverses branches de sa famille, passées en Normandie, dans le Vendômois, en Savoie et en Piémont, eût oublié celle qui, selon Guyard de Berville, avait, dès 1430, formé un établissement en Auvergne et bâti un château de son nom! Il a découvert trop de choses, plus lointaines et bien moins évidentes, pour qu'il soit permis de l'accuser d'ignorance à ce sujet.

Cette question a été examinée et résolue dans le même sens par M. J.-B. Bouillet, auteur d'un article généalogique sur la famille de Boissieux, publié dans les Tablettes historiques de l'Auvergne (Clermont-Ferrand, 1846, 7° année, n° 4), et dans lequel il ne remonte pas au-delà des preuves faites devant d'Hozier :

« Chabrol et de Ribier du Chatelet ont avancé sans preuve que la famille de Boissieux était une branche de celle de Salvaing, seigneur de Boissieux en Dauphiné. Le dernier de ces écrivains ajoute qu'elle est venue s'établir en Auvergne en 1430. Cette opinion n'est pas la nôtre; pour l'admettre, il faudrait supposer que la seigneurie de Boissieux, commune de la Chapelle-Geneste, patrimoine des Boissieux d'Auvergne, n'existait pas avant 1430, et que ce nom a été importé du Dauphiné où se trouve située la terre de Boissieux, entrée dans la maison de Salvaing avant 1210, et qu'elle possédait encore après 1650. Une telle supposition n'aurait rien de vraisemblable; il est très rare, en effet, de voir une famille oublier pendant trois siècles un nom qui a de l'éclat, pour en implanter et perpétuer un plus modeste à quarante lieues de ses ancêtres. Aussi la maison de Salvaing n'a-t-elle jamais répudié son nom patronymique, pour porter exclusivement celui de la terre de Boissieux, tandis que ce même nom de Salvaing ne s'est pas rencontré une seule fois dans les productions faites par MM. de Boissieux de la Geneste et du Boisnoir en 1666 et 1735. D'ailleurs, les généalogistes n'ont pas signalé cette prétendue communauté d'origine, et les deux maisons ont des armoiries différentes.

« Au surplus, nous ne disons tout ceci que pour rendre hommage à la vérité historique, et non pas dans le but de déprécier la famille de Boissieux, que nous considérons comme assez honorable par elle-même pour n'avoir pas besoin qu'on lui prête une origine étrangère. »

Il n'y a rien à répliquer au raisonnement de M. Bouillet: le nom de Boissieu ne donne pas plus de droit à celui de Salvaing, que, par exemple, le nom de Bayart à celui de Terrail. Cela est si vrai qu'il existe dans le voisinage même du berceau des Salvaing, en Dauphiné et en Lyonnais, plusieurs familles du nom de Boissieu ou Boissieux, qui n'ont jamais élevé la moindre prétention à cette parenté [*]; elles ont, à cet égard, respecté les traditions du pays et leur propre dignité. Mais, il faut le dire, lors même que les traditions viendraient à s'effacer, le soin avec lequel le président Sal-

---

[*] Nous citerons entre autres la famille à laquelle appartenait le célèbre peintre et graveur lyonnais Jean-Jacques de Boissieu, qui a toujours porté : D'azur, au chevron d'or chargé en chef d'un trèfle du champ.

vaing de Boissieu a établi sa généalogie jusqu'en 1683, s'opposera toujours d'une manière invincible à toutes les usurpations que l'on tenterait de faire de son nom et de ses armes.

Porté par notre goût à nous renfermer dans le passé, nous clorons là cette discussion, renvoyant, au besoin, les parties à se pourvoir devant le tribunal de quelque nouveau Philibert Lebrun.

TABLE.

Notice historique, littéraire et bibliographique. . . . . page 1

Relation des principaux événements de la vie de Salvaing de Boissieu, écrite par lui-même. 27

Appendice. Pièces relatives à la mission de M. de Boissieu à Rome. 71

Elegia Dionysii Salvagnii Boessii de vita sua. 87

Inventaire de la vaisselle d'argent du président de Boissieu. 96

Notes sur la Relation des principaux événements de la vie de Salvaing de Boissieu. 103

Eclaircissement sur les armoiries, le cri de guerre, etc., de la maison de Salvaing, par Philibert Lebrun, et Pièces préliminaires 139

Additions de l'Editeur. 193

Extrait d'un Registre de la Chambre des Comptes de Grenoble. 198

Epilogue 203

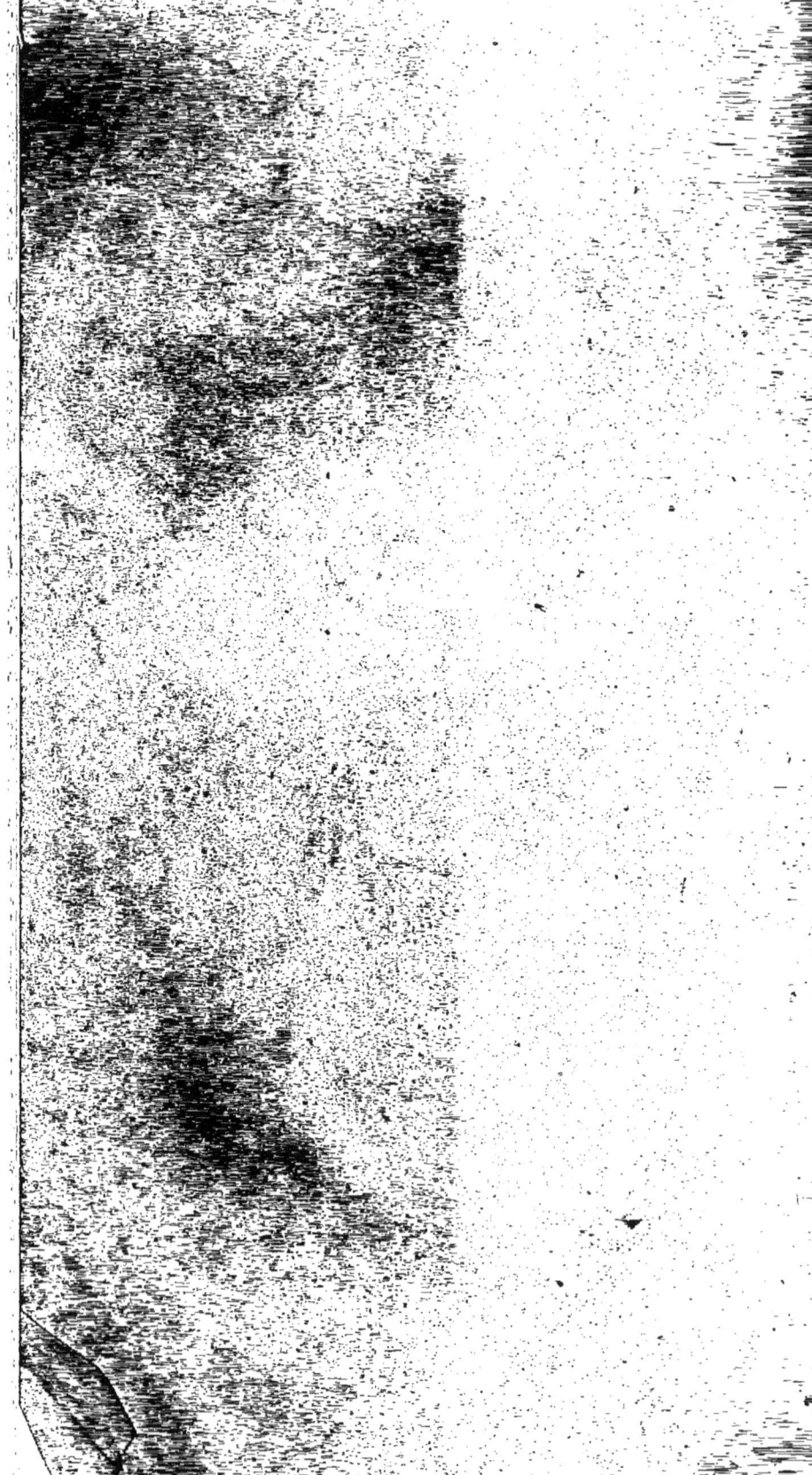

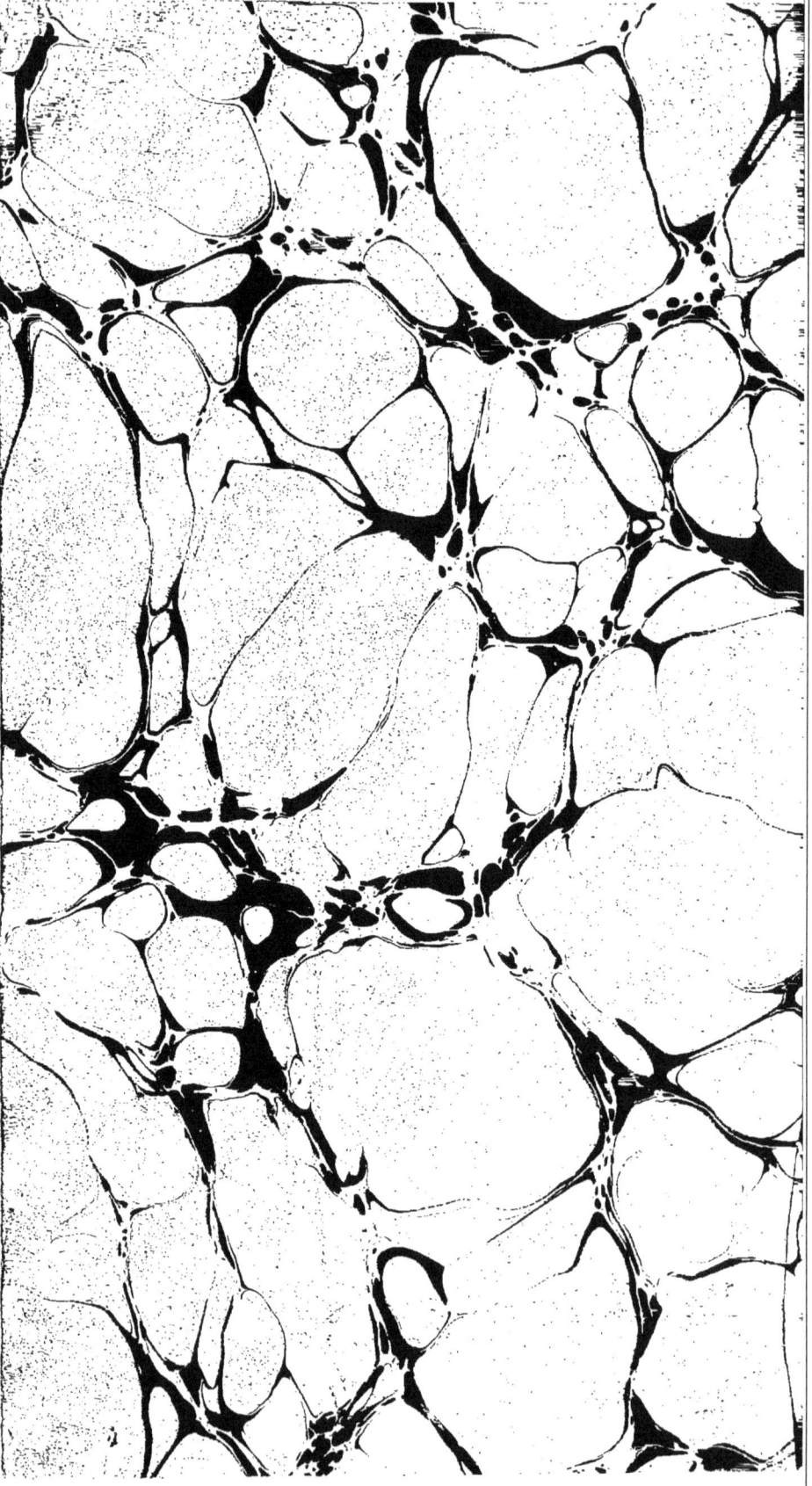

www.ingramcontent.com/pod-product-compliance
Lightning Source LLC
Chambersburg PA
CBHW061958180426
43198CB00036B/1360